KB154260

성서 아람어 문법

김구원 지음

비블리카 아카데미아

A Grammar of Biblical Aramaic by Koowon Kim

© 2012 by Biblica Academia
114 Kwangjang-dong Kwangjin-gu Seoul,
Korea
www.biblica.net
E-mail biblica@biblica.net
Tel. +82-2-6216-3123 Fax.+82-2-456-3174

ISBN 978-89-88015-26-1(93790)

Printed in Seoul, South Korea

A GRAMMAR
OF BIBLICAL
ARAMAIC

성서 아람어 문법

김구원 지음

STV VER
DIA BVM
AD DEI

비블리카 아카데미아

|목 차|

🖋 서 문

아람어는 주전 제1천년기에 고대근동의 행정, 외교 언어로서 매우 광범위하게 사용된 언어일 뿐 아니라, 초기 기독교와 유대교 형성기의 중요한 문학 언어였다. 뿐만 아니라, 주지하다시피 다니엘과 에스라의 일부가 아람어로 기록되었다. 그럼에도 불구하고 오늘날 아람어는 (히브리어에 비해) 신학교나 대학에서 그다지 대접받지 못하는 언어이다. 한국에 아람어 강의를 개설하는 대학(원)이 거의 없다는 것은 이것을 잘 보여준다. 이 때문일까? 아람어에 관심을 가지는 몇몇 학생들도 우리말로 된 마땅한 참고서를 찾기가 힘들다. 과거에 로젠탈(Rosenthal)과 존스(Johns)의 문법책이 우리말로 번역되었으나, 오래 전에 절판된 후 다시 재판이 나오지 않은 상황이다.

지난 2009년부터 틈틈이 아람어를 강의한 필자는 우리말로 된 아람어 문법 교재의 필요성을 절감하였다. 이 책은 일차적으로 아람어를 가르치거나 아람어를 배우려는 사람들을 위한 참고서로 의도되었다. 그러나 이 책은 성서 아람어에 대한 단순한 교재에 머물지 않는다. 역사 문법의 관점에서 성서 아람어 문법을 설명하여, 타르굼 아람어와 같은 중, 후기 아람어 문헌을 독해할 수 있는 근육을 키워

준다. 이 문법책의 또 하나의 특징은 히브리어에 대한 사전 지식이 없는 사람들도 이 문법책을 통해 아람어를 배울 수 있도록 기획하였다는 것이다. 외국어로 된 대부분의 성서 아람어 문법책들은 일정양의 히브리어 문법 지식을 전제하고 쓰여졌다. 따라서 아람어를 배우려는 사람들은 먼저 히브리어를 공부해야 했다. 그러나 본 문법책은 히브리어에 대한 사전 지식이 없는 사람도 아람어를 공부할 수 있도록 알파벳 발음하는 방법부터 아람어의 문장 형식(구문론)까지 언어 독해에 필요한 모든 부분을 설명하였다.

마지막으로 이 책의 원고를 꼼꼼히 읽고 여러가지 조언을 아끼지 않으신 김동혁 박사님(Ph.D., Yale Univeristy: 현 감신대 강사)과 김유기 박사님(Ph.D., Johns Hopkins University: 현 서울여대), 유윤종 박사님(Ph.D., Cornell University: 현 평택대)에게 감사의 말씀을 드린다. 또한 이 책의 출판을 기꺼이 맡아주신 비블리카 아카데미아의 이영근 원장님과 원고 편집에 애써주신 신윤수 목사님, 김소희, 장윤주 간사님에게 감사의 말씀을 드린다.

들어가는 말

    아람어는 어떤 언어인가? 쉽게 말해 아람어는 고대 아람인들의 언어이다. 고대 아람인은 하부르강 상류 지역에서 발원하여 주전 제1천년기 초반에 고대 근동 전역으로 퍼진 민족이다. 북부 시리아 지역에서 그들은 강력한 도시국가들을 이루었고, 메소포타미아 지역에서는 앗시리아와 바빌로니아의 농촌 이민자로서 삶을 영위하였다. 아람인의 한 부류로 여겨지는 갈대아인들은 한 때 바빌로니아의 왕위를 차지하기도 하였다.

    아람인들에 대한 성경의 증거는 제2천년기 초반인 족장 시대까지 거슬러 올라간다. 더 나아가 성경은 이스라엘인들과 아람인들이 본래 혈연 관계였을 가능성도 제기한다. 신명기 26:5은 족장들을 가리켜 "방황하는 아람인"이라는 별칭을 사용한다. 야곱의 장인인 라반은 창세기 31:20에서 "아람 사람"으로 불린다. 그러나 많은 역사학자들은 이런 성경의 진술들을 시대착오적인 것(anachronism)으로 이해한다. 역사적으로 보다 신빙성 있는 아람-이스라엘의 관계는 왕정 시대에 발생한다. 다윗과 솔로몬의 통일 왕국 시대에 이스라엘의 북쪽에는 크고 작은 아람 도시국가들이 등장하였다. 그리고 이 아람 국가들의 일부는 다윗과 솔로몬의 패권에 종속되었다(삼하 8:3-10; 왕상 11:23-25). 한편, 이스라엘이 남과 북으로 분열된 후, 아람 민족들은 이스라엘과 지역 패권을 놓고 경쟁하였다. 이스라엘의 힘이 강했던 오므리 왕조 때는 이스라엘과 아람 국가들이 대등한 관계에서 협력하였으나, 국력이 약했던 예후 왕조 때의 이스라엘은 아람 왕들의 잦은 약탈과 침략의 대상이 되었다. 그러나 주전 8세기 중반, 이스라엘을 괴롭혔던 아람 국가들은 강력한 앗시리아 왕 디글랏 빌레셀 3세(Tiglath Pileser III)의 정복 활동으로 역사에서 영원히 사라지게 된다. 아이러니하게도 아람어가 국제화된 것은 바로 이 시점부터다. 이 때부터 아람어는 한 민족의 언어가 아닌 만인의 언어(lingua franca)가 된다. 앗시리아의 유배정책으로 아람어를 구사하는 사람들이 근동 전역에 흩어짐으로써 아람어가 근동 전역에서 공용어로 사용되었을 뿐 아니라, 앗시리아, 바빌로니아, 페르시아로 이어지는 제국들의 해외 원정 활동을 통해 고대 근동 지역을 넘어 유럽과 인도 지역에까지 퍼지게 되었다.

오늘날 아람어를 공부하는 이유는 고대 아람인들이나 그들이 세운 도시 국가에 관심이 있어서가 아닐 것이다. 대부분의 학생들은 아람어가 성경의 언어이기 때문에 배우고 싶어한다. 실제로 에스라와 다니엘의 일부(스 4:6~6:18 , 7:12~26; 단 2:4b~7:28)가 아람어로 기록되었다. 그러나 창세기 31:47의 두 아람어 단어(여갈 사하두다)와 예레미야 10:11을 포함하여도 성경에서 아람어로 된 부분은 200여절에 불과하기 때문에, 200여절의 성경을 원문으로 읽기 위하여 또 다른 하나의 언어인 아람어를 배운다는 것은 그다지 "경제적"이지 못하다는 생각이 들기도 한다. 따라서 필자는 독자들에게 아람어를 배우면 얻게 되는 몇 가지 유익을 이야기함으로 이 문법서를 시작하고자 한다.

첫째, 아람어를 공부하면 성경 이외에 아람어로 된 많은 중요한 자료들을 읽을 수 있게 된다. 유대교 형성과 관련된 중요한 문서들이 아람어로 작성되었다. 예를 들어, 아람어로 된 사해 문서인 〈창세기 외경〉(Genesis Apocryphon)을 비롯하여, 타르굼 구약성경, 그리고 유대인의 성서 해석을 담은 미드라쉬와 탈무드의 일부가 아람어로 되어 있다. 이 문서들은 성서 아람어와 조금 다른 방언으로 기록되었지만, 성서 아람어를 공부하면 약간의 추가적인 노력으로 그 문서들을 독해할 수 있다. 또한 아랍 사막 족속인 나바테아인들, 시리아 교회들, 영지주의자인 만데아인들도 아람어로 된 많은 문서를 남겼다. 따라서 아람어는 유대-기독교 형성기의 종교-문학적 배경에 관심 있는 사람들에게 좋은 연구 도구를 제공할 것이다.

둘째, 아람어는 예수님의 모국어였을 가능성이 높다. 비록 예수님의 가르침이 아람어로 전해지는 것은 아니지만, 많은 학자들이 복음서가 기록된 헬라어의 어휘와 구문에서 아람어의 영향을 발견한다. 따라서 아람어를 공부하면 신약 성경에 대한 이해가 깊어질 수 있다. 신약 성경의 헬라어 표현 중에서 아람어의 영향을 받은 것들(Aramaisms)을 분별해 낼 수 있는 혜안을 가지게 된다.

셋째, 아람어를 공부하면 다른 유사 셈어들을 쉽게 배울 수 있다. 또한 히브리어에 대한 이해도 깊어져서 그에 대한 비교 언어학적 지식과 역사 문법적 통찰을 가지게 된다. 한쪽 눈으로 보는 세상보다 두 눈으로 보는 세상이 더 깊고 정확한 것처럼, 아람어에 대한 지식을 가지고 히브리어를 보면 무작정 외워야 했던 "법칙"들이 자연스런 언어 현상으로 이해되어 히브리어에 대한 보다 포괄적 지식을 가지게 된다.

따라서 아람어는 성경 전체를 원문으로 읽으려는 사람들의 마지막 도전이 아니라, 성경과 성경 종교에 대한 보다 포괄적인 이해를 향한 첫 번째 관문이라고 할 수 있다.

아람어의 역사적 발전

아람어의 여러 방언들을 체계적으로 분류하는 것은 쉽지 않다. 그러나 최근에 아람어 방언들을 다섯 개의 역사적 단계로 구분하는 것이 학자들 사이에 널리 받아들여지고 있다.

(1) 고대 아람어(Old Aramaic, 주전 1000-700년): 고대 아람어는 북 시리아의 아람 도시 국가 왕들이 세운 비문에서 주로 발견된다.[1] 페니키아 문자로 기록된 이 고대 아람어 비문들 중 가장 오래된 것은 텔 파카리예(Tell Fakhariyeh)에서 발견된 하닷 이스이(Hadad Yis'i)의 비문(주전 9세기, 그림 1 참조)이다. 이 비문의 언어적 특징 중 주목할 만한 것은 모음 문자들(matres lectionis)를 광범위하게 사용한다는 것이다. 이 시기의 다른 북서 셈어들에서는 아직 모음 문자들이 사용되지 않은 점을 고려하면 텔 파카리예 비문은 다소 예외적이다. 학자들은 이것을 아카드어의 영향일 것으로 추정한다. 텔 파카리예 비문은 아카드어와 아람어로 된 이중 언어 비문이다. 그 외에도 알레포 근처에서 발견된 세피르 비문(Sefire Inscriptions), 자키르 비문(Zakir inscription), 비르 하닷 비문(Bir Hadad inscription)등이 현전하는 가장 오래된 문체의 아람어를 담고 있다.

그림 1

텔 파카리예 석비의 뒷 모습. 치마의 앞면에는 아카드어로 된 38줄의 비문이 적혀있고, 그림이 보여주는 치마의 뒷면에는 23줄로된 아람어 비문이 적혀있다.

(2) 제국 아람어(Official Aramaic,

---

[1] 아래의 아람어 시대 구분은 Fitzmeyer의 논문을 참고하였다: "The Phases of the Aramaic Language," in *A Wandering Aramean. Collected Aramaic Essays.* SBL Monograph Series 25. Missoula, MT: Scholars Press, 1979): 57~84.

Reichsaramäisch, 주전 700-200년): "표준 아람어"(Standard Aramaic)
로도 불리는 이 아람어는 앗시리아의 유배정책으로 아람인들이 근
동 전역으로 퍼지면서 발달한 언어이다.[2] 페르시아 제국에서 아람
어가 국가 행정을 위한 공용어로 사용되면서 아람어의 "표준화"가
가속되었다. 표준 아람어로 된 문헌이 이집트, 아라비아, 팔레스타
인, 시리아, 소아시아, 앗시리아, 바빌로니아, 아르메니아, 인두스
밸리 지역 등 페르시아 제국의 전 영향권에서 발견되었다. 제국 아
람어 문서는 주로 파피루스나 양피지로 작성되었으며, 아람어가 꽤
넓은 지역에서 사용되었음에도 불구하고 이 시대의 지역 방언들간
에 상당한 통일성이 있다는 것은 놀라울 정도이다. 에스라서와 다니
엘서가 쓰여진 아람어도 이 제국 아람어이다.[3]

(3) 중기 아람어(Middle Aramaic, 주전 200-주후 200년): 페르시
아 제국이 멸망하자 제국의 공용어에도 변화가 왔다. 표준 아람어
가 지역적 특색을 가진 지방 아람어들로 나뉘게 된다. 이 시대에 속

---

[2] 페르시아 제국의 공용어가 되기 전부터 좀 더 정확하게 말하면
앗시리아 패권시대(745~622)부터 아람어는 고대 근동의 외교 언어로
자리매김하기 시작하였다. 예를 들어, 주전 8세기 말에 산헤립의
군대가 예루살렘을 포위했을 때, 산헤립의 군대 장군 랍사게가
히브리어로 연설하자, 히스기야 왕이 보낸 이스라엘 사신들이 아람어로
대화할 것을 요청한다. 이스라엘 사신들은 랍사게의 히브리어 연설이
성안 백성들의 사기를 떨어뜨릴 것을 염려하여 아람어로 말해 줄
것을 요청하였지만, 이것은 당시 아람어가 누리던 국제공용어로서의
위상도 간접적으로 보여준다(왕하 19; 사 36). 주전 7세기 블레셋 왕이
이집트 왕에게 군사적 도움을 요청하는 편지를 쓸 때도 이집트어나
블레셋어가 아닌 아람어를 사용했음도 주목할 만하다.

[3] 다니엘의 아람어에 대한 논쟁을 개괄하려면 콜린스의 글을 참조하라:
J. J. Collins. *Daniel*. Hermeneia 27 (Minneapolis: Fortress Press, 1993),
13~20.

한 아람어 방언으로는 나바테안 아람어, 팔머린 아람어(Palmyrene),
하트란 아람어(Hatran), 고대 시리아어(Old Syriac) 등이 있다. 어떤
학자들은 아람어로 된 사해 문서가 "표준 문학 아람어"(Standard
Literary Aramaic)로 불리는 인공 언어로 쓰여졌다고 주장한다. "표
준 문학 아람어"는 제국 아람어를 모방한 언어로 특정 지방에서 실
제 사용된 구어(spoken language)가 아니라, 문학 작품의 용도로만
사용된 인공적 아람어이다. 이 시대의 팔레스타인에서 사용된 아람
어 방언은 예수님의 모국어였을 가능성이 높다.

　(4) 후기 아람어 (Late Aramaic, 주후 200-700년): 이 시대에 속한
아람어들은 만데아 아람어(Mandaean), 고대 시리아어, 기독교 팔레
스타인 아람어, 유대교 아람어, 사마리아 아람어 등이며, 이 언어들
은 헬라어 어휘를 많이 포함하는 특징을 가진다. 헬레니즘의 영향
이 이 시대에 시작된 것은 아니지만, 이 시대의 아람어들은 헬라어
의 어휘들을 기존의 아람어 어휘에 본격적으로 수용하기 시작하였
다. 또한 주목할 것은 기독교와 유대교에 중요한 문헌들이 이 시대
의 아람어로 작성되었다는 것이다. 후기 아람어는 다음과 같이 서부
아람어와 동부 아람어로 세분화된다.

서부 아람어	동부 아람어
사마리아 아람어	유대교 바빌로니아 아람어
유대교 팔레스타인 아람어	만데아 아람어
기독교 팔레스타인 아람어	고대 시리아어

　(5) 현대 아람어(주후 11세기-현재): 아람어는 오늘날 북부 시리
아, 이란, 이라크의 여러 지역에서 여전히 사용되는 언어다. 다마스

쿠스 북쪽 안티 레바논 산맥에 위치한 마을인 말룰라(ma'lūla), 주바
딘(Jubb'adîn), 바하(baḥ'a)에서 아람어가 사용되고, 메소포타미아 지
역의 투르 아브딘(Ṭūr'Abdîn), 쿠르디스탄(Kurdistan)과 아제르바이
잔(Azerbaijan), 모술(Mosul) 북쪽 지역에서도 아람어가 사용된다. 그
러나 후기 아람어와 현대 아람어 사이의 관계를 규명하는 것은 매우
어렵다. 고대 시리아어와 같은 경우에는 구어로서의 기능이 정지한
후에도 문학 언어로 명맥을 유지하였으나 그 외의 아람어 방언이 고
대 시리아어처럼 지속적으로 사용되었다는 증거는 없다. 현대 아람
어 방언들은 아랍어, 쿠르드어, 터키어 등에 의해 크게 영향 받았다.

주요 아람어 문학 개괄

고대 아람어, 제국 아람어, 중기 아람어로 된 문헌이 많이 발견되
었지만, 그 중 문학 작품이 차지하는 비중은 많지 않다. 현전(現傳)
하는 몇몇 작품도 전체가 아닌 단편 본문으로 전해진다. 다음은 아
람어로 된 중요한 문학 작품을 개괄한 것이다.

(1) 아히카르의 잠언: 이집트 엘레판틴(아스완)에 있던 유대인 공
동체의 문서 저장소에서 발견된 주전 5세기 파피루스 문서. 아히카
르는 엣살핫돈과 산헤립 때의 수상(首相)이다. 그에게는 아들이 없
었으므로 그는 자신의 조카(나답)를 양자로 삼았다. 그러나 조카 나
답은 배은망덕하게 아히카르를 살해할 계획을 세운다. 그는 엣살핫
돈에게 아히카르가 반역을 꾀한다고 무고하여, 엣살하돈으로 하여
금 아히카르를 처형하게 만든다. 그러나 처형 담당자가 아히카르를
살려주고, 아히카르는 나중에 누명을 벗고 다시 엣살하돈의 수상으
로 일할 수 있게 된다. 반대로 나답은 요절한다.

(2) 구약성경의 일부: 창세기 31:47의 "증거의 무더기"; 예레미야
10:11; 에스라 4:8-6:18, 7:12-26; 다니엘 2:4-7:28.

(3) 쿰란의 아람어 문서: 창세기 12-14장을 다루는 『창세기 외경』 (*Genesis Apocryphon*); 『욥기 타르굼』(4Q157, 11Q10); 『나보니두스의 기도』(4Q242).

고대, 제국, 중기 아람어로 된 문학 작품이 그다지 많지 않은 것과 대조적으로 후기 아람어(**Late Aramaic**)로 된 문학은 매우 풍부하다. 사마리아 아람어, 유대 아람어, 고대 시리아어, 기독교 팔레스타인 아람어, 만데아 아람어로 기록된 문학 작품들은 여기서 일일이 다 열거할 수 없을 정도로 많다.

(1) 사마리아 아람어로 된 문학: 오경만을 정경으로 인정하는 사마리아인들은 오경을 아람어로 번역하였다. 그 외에 『마르카의 논설』 (*Memar Marqah*)도 사마리아인들의 종교가 어떤 성격의 것인지를 보여주는 중요한 아람어 문헌이다.

(2) 유대교 아람어로 된 문학: 유대교 아람어는 팔레스타인 방언과 바빌로니아 방언으로 나뉘며, 이 두 방언으로 저술된 유대인 문헌은 매우 풍부하다. 먼저 팔레스타인 유대교 아람어로 된 문헌은 다음과 같다.

① 팔레스타인 타르굼: 오경 부분만이 현전한다. 팔레스타인 타르굼은 해설적인 번역을 포함하며, 히브리어 원문에 등장하지 않는 내용들도 삽입한다. 예를 들어, 창세기 22장 앞부분에서 한 팔레스타인 타르굼(『위-요나단』)은 이삭과 이스마엘 사이의 언쟁을 기록한다. 이 타르굼은 주후 2세기 경에 제작된 것으로 추정되나 일부 내용은 그보다 후대에 첨가된 것 같다. 가령, 창세기 21:21에 대한 『위-요나단』 타르굼에 따르면 이스마엘이 바란 광야에서 아디샤(*Adisha*)와 결혼했다가 이혼하자, 그의 어머니가 이집트 여인 파티마를 중매한다는 내용이 등장한다. 그 두 여인의 이름이 이슬람의 창시자 모

하메드의 아내와 딸의 이름과 유사함은 우연이 아닐 것이다.

② 미드라쉬: 미드라쉬는 성경에 대한 설교적 주석이다. 대개 히브리어로 쓰여졌으나 아람어로 쓰여진 부분도 많다.

③ 『팔레스타인 탈무드』: 탈무드는 미슈나로 불리는 구전 법전과 그에 대한 후대 랍비들의 해설인 게마라(Gemara)로 구성되어 있다. 탈무드는 팔레스타인에서 편집된 것과 바빌론에서 편집된 것이 전해지는데, 이 둘 모두, 일부는 히브리어, 일부는 아람어로 되어 있다. 아람어는 대개 탈무드의 내러티브 부분에 사용되었다.

다음은 바빌로니아 유대교 아람어로 된 문학 작품들이다. 아랍 시대 초반 바빌로니아에서 저술된 유대인 문헌들이 유대교 내에서 권위를 획득함에 따라 바빌로니아 유대교 아람어로 된 다음의 저작들은 유대교에서 매우 중요하게 취급되었다.

① 공식 타르굼: 오경의 『타르굼 옹켈로스』와 역사서와 선지서의 『타르굼 요나단』이 히브리어 성경에 대한 권위있는 아람어 번역으로 인정받았다. 이 타르굼들은 대개 문자적 번역을 취하지만 히브리어 본문을 보다 쉽게 이해시키기 위해 여러가지 해석적 번역들도 첨가하였다.

② 『바빌로니아 탈무드』: 유대교에서 경전으로 쓰이는 것이 바로 이 『바빌로니아 탈무드』이다. 『팔레스타인 탈무드』보다 분량이 많으며, 8-9세기에 완성된 것으로 여겨지나 그후 수세기 동안 편집 작업은 계속되었다.

③ 『가온의 답변들』(Gaonic Responsa): 8-10세기 동안 바빌로니아에서 활동한 유대 랍비들의 법전 문학이다. 그 랍비들은 훌륭함을 뜻하는 "가온"으로 불렸고, 그들의 책이 특정한 사법 문제에

대한 대답의 형식을 취했기 때문에, 그들의 저작을 『가온의 답변들』이라고 부른다.

④ 『조하르』(Zohar): 카발라와 같은 유대 신비주의적 전통을 집대성한 책이다. 탈무드처럼 히브리어와 아람어로 되어 있다. 『조하르』를 집대성한 레온의 모세(Moses of Leon)는 14세기 스페인에서 활동하였기 때문에, 『조하르의 아람어』에는 스페인어의 영향이 종종 보인다.

(3) 시리아어로 된 문학: 시리아어로 된 문학은 어떤 다른 방언으로 된 문학보다 양적으로 풍부하다. 본래 에데사(Edessa) 지방의 아람어 방언이었던 시리아어는 2세기부터 오늘날까지 문학 언어로서의 명맥을 유지해 왔다. 시리아어는 사각 아람어 글자체를 쓰지 않고 독자적인 글자체를 사용한다(그림 2 참조). 시리아어로 된 문헌을 다음의 4단계로 구분할 수 있다.

① 2-3세기 문학: 『솔로몬의 노래』(Odes of Solomon), 『사도 도마 행전』, 초기 페쉬타, 『열방 법전』(The Book of the Laws of Countries).

② 4-7세기 문학: 이 시대는 시리아어 문학의 황금기였다. 훌륭한 산문과 운문이 이 시대에 생산되었다. 이 시대에 쓰여진 산문 문학들은 역사, 지리, 법, 철학, 의학, 점성학, 신학, 성경 해석, 성자 전기 등 다양한 장르의 책들을 포함한다. 또한 번역 활동도 활발하여 헬라어로 된 많은 문헌들이 시리아어로 번역되었다. 운문 문학도 번성하였다. 대표적으로 니시비스의 에프렘(Ephrem of Nisibis)은 500편의 종교시를 썼다. 또한 작자 미상인 대화 형식의 시(詩)도 이 시대 운문의 정수를 보여준다. 이 "대화 시"에서는 두 명의 인물들이 특정 주제에 대해 돌아가며 발언하는 형식을 취한다.

③ 7-14세기 문학: 아랍인들의 정복과 함께 시리아어 문학 활동
이 크게 위축되었으나, 시리아 문학은 헬라의 과학과 철학을 아
랍 세계에 전해주는 문화의 전달자 역할을 하였다.

④ 14세기 이후의 문학: 많은 학자들이 14세기 이후에 시리아어
문학이 사라졌다고 생각하지만 실제로는 그렇지 않다. 그 후
로도 계속해서 시리아어로 된 많은 문학 작품들이 만들어졌다.
그러나 이 시대에 저작된 작품들의 상당수는 출판은 커녕 아직
연구조차되지 않았다.

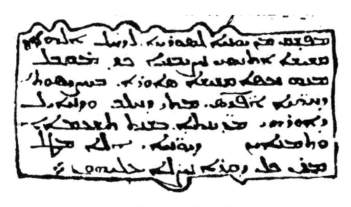

그림 2 고대 시리아어 글자체

(4) 기독교 팔레스타인 아람어로 된 문학: 기독교 팔레스타인 아
람어는 시리아어 글자체를 사용하기 때문에 기독교 팔레스타인 시
리아어라고도 불린다. 이 언어로 된 문서는 그리 많지 않다. 대개 헬
라어를 옮긴 번역 문학이 주를 이룬다.

(5) 만데아 아람어로 된 문학: 오늘날 현존하는 문서는 대개 종교
문서이다. 만데아인들의 종교는 극단적인 이원론을 신봉하는 영지
주의의 한 계열로 메소포타미아 지역에서 번성하였다. 가장 대표적인
문학은 『긴자 르바』(*Ginza Rba*)인데, 여기에는 우주론, 전설, 기도,

죽은 자에 관한 글 등 다양한 장르들이 포함되어 있다.

이제 다음 장부터는 본격적으로 아람어 문법을 익힐 것이다. 이 책의 목적은 성서 아람어 문법을 해설하는 것이다. 성서 아람어는 제국 아람어, 즉 표준 아람어에 속하는 것으로 헬라어나 아랍어에 영향을 받은 중기, 후기 아람어와는 달리 순수 아람어 어휘와 문법을 가장 잘 보존하고 있다. 따라서 성서 아람어를 잘 익히면 고대 아람어, 중기, 후기 아람어도 쉽게 배울 수 있다.

제1과
아람어 글자: 알파벳(자음)

자음	음역	이름	발음
א	ʼ	알레프	본래 목구멍에서 나오는 소리이나 보통 발음되지 않는다. 음절의 처음에 올 때는 우리말의 초성 'ㅇ'에 해당한다고 생각하라.
ב	b	베트	우리말 'ㅂ'처럼 발음된다.
ג	g	기멜	우리말 'ㄱ'처럼 발음된다.
ד	d	달레트	우리말 'ㄷ'처럼 발음된다.
ה	h	헤	우리말 초성 'ㅎ'처럼 발음된다.
ו	w	바브	우리말 'ㅂ'처럼 발음된다.
ז	z	자인	우리말 초성 'ㅈ'처럼 발음된다.
ח	ḥ	헤트	우리말 감탄사 "하" 혹은 "허"의 거친 'ㅎ'처럼 발음된다.
ט	ṭ	테트	우리말 초성 'ㅌ'처럼 발음된다.
י	y	요드	영어의 반자음 y처럼 발음된다. 음절의 처음에 올 때 후속하는 모음이 'ㅏ'일 때는 'ㅑ', 'ㅗ'일 때는 'ㅛ', 'ㅜ'일 때는 'ㅠ', 'ㅔ' 혹은 'ㅡ'일 때는 'ㅖ'로 발음된다.
כ (ך)	k	카프 (카프 소피트)	우리말 초성 'ㅋ' 혹은 거친 'ㅎ'처럼 발음된다. 아래 〈1.3〉 참조.
ל	l	라메드	'ㄹ'처럼 발음된다.

מ (ם)	m	멤 (멤 소피트)	'ㅁ'처럼 발음된다.
נ (ן)	n	눈 (눈 소피트)	'ㄴ'처럼 발음된다.
ס	s	싸메흐	우리말 초성 'ㅆ'처럼 발음된다.
ע	ʿ	아인	본래 목구멍에서 나오는 소리이나 보통 발음되지 않는다. 음절의 처음에 올 때에는 우리말 초성 'ㅇ'처럼 발음한다.
פ (ף)	p	페 (페 소피트)	우리말 초성 'ㅍ'처럼 발음된다.
צ (ץ)	ṣ	짜데 (짜데 소피트)	우리말 초성 'ㅉ'처럼 발음된다.
ק	q	코프	우리말 초성 'ㅋ'처럼 발음된다. 카프의 발음과 구분되지 않을 때가 많다.
ר	r	레쉬	목구멍에서 굴러 나오는 'ㄹ'처럼 발음된다.
שׂ	ś	신	우리말 초성 'ㅆ'처럼 발음된다. 싸메흐의 발음과 구분되지 않는다.
שׁ	š	쉰	영어 she의 sh처럼 발음된다. 우리말에서는 '슈,' '쇼,' '셰' 처럼 반자음의 소리가 첨가된 'ㅅ'의 소리처럼 발음된다
ת	t	타브	우리말 초성 'ㅌ'처럼 발음된다. 테트의 발음과 구분되지 않는다.

1.1. 성서 아람어에 사용된 알파벳은 히브리어 알파벳과 동일하다. 위의 표에 제시된 알파벳 이름은 히브리어 알파벳 이름을 그대로 사용하였다. 히브리어처럼 아람어도 오른쪽에서 왼쪽으로 쓴다.

1.2. 괄호 안에 있는 알파벳(ך ם ן ף ץ)은 단어의 끝(소피트)에 사용되는 형태이다.

1.3. 다음의 자음들은 경음(hard pronunciation)과 연음(soft pronunciation), 두 가지 소리를 가진다. 모음을 따르는 경우 대개 경음이 연음으로 바뀌는데, 이같은 현상은 마찰음화(spirantization)로 불린다. 연음은 모두 발성기관의 마찰을 통해 나는 소리다. 경음으로 소리나는 경우, 해당 자음 안에 점(경음점)을 찍어 표시한다. 이처럼 경음과 연음, 두개의 발음을 가진 문자들은 일반적으로 "베가드케파트(בגדכפת)문자"로 불린다.

בּ	우리말 'ㅂ'처럼 발음된다.
ב	윗니로 아랫입술을 가볍게 깨물었다가 바람을 밀며 내는 'ㅂ' 소리다.
גּ	우리말 'ㄱ'처럼 발음된다.
ג	경구개를 호흡으로 마찰시키며 내는 'ㄱ' 소리이지만 오늘날 관행상 גּ과 똑같이 발음한다.
דּ	우리말 'ㄷ'처럼 발음된다.
ד	본래 혀를 윗니와 아랫니 사이에서 재빨리 안으로 가져오며 내는 'ㄷ' 소리이지만, 오늘날 관행상 דּ과 동일하게 발음한다.
כּ	우리말 초성 'ㅋ'처럼 발음된다.
כ	연구개를 호흡으로 마찰시키며 내는 거친 'ㅎ' 소리이다.
פּ	우리말 초성 'ㅍ'처럼 발음된다.
פ	윗니를 아랫입술로 가볍게 깨물었다가 바람을 밀며 내는 'ㅍ' 소리다.
תּ	우리말 초성 'ㅌ' 처럼 발음된다.
ת	본래 혀를 윗니와 아랫니 사이에서 재빨리 안으로 가져오며 내는 'ㅌ' 소리이지만, 오늘날 관행상 תּ와 동일하게 발음한다.

베가드케파트 문자에 찍히는 경음점을 예상하는 것은 언제나 쉬운 것은 아니다. 그러나 다음의 규칙이 많은 경우 도움이 될 것이다.

(1) 모음이 선행하거나, 모음을 뒤따르지 않더라도 어원적으로 본디 앞에 모음이 있었을 경우 베가드케파트 문자에 경음점이 찍히지 않는다.[1] 예를 들어 מַלְכָּא에서 כ에 점이 찍히지만, מַלְכִין에서는 כ에 점이 찍히지 않는 않는 이유는 전자는 역사적으로 *malk-에서 유래한 반면, 후자는 *malak-에서 유래했기 때문이다. 즉 전자에서 k(כ) 앞의 소리는 처음부터 자음(l)이었으나, 후자의 k(כ) 앞에는 (현재는 탈락했더라도) 본디 모음(a)이 있었기 때문이다.

(2) 성서 아람어에서 여성 결정형 어미인 ת는 대부분 경음점을 가진다. 예) בִּאשְׁתָּא 악, עֲבִידְתָּא 일, מָרְדְתָּא 반항의.
참조. מַלְכְּתָא 여왕.

(3) 베가드케파트 문자 앞의 음절이 〈자음 + $ē^{(y)}$ + 자음〉인 경우와 〈자음 + ay〉인 경우에는 마찰음화가 일어나 경음점이 사라진다. 예) חֵיוְתָא 동물, שְׁאֵלְתָה 질문, בַּיְתָא 집.

(4) 단어의 처음에 오는 베가드케파트 문자는 원칙적으로 경음점을 가지지만, 문장 안에서 모음으로 끝나는 선행 단어와 의미적으로 긴밀한 관계가 있다고 여겨지는 경우에 마찰음화하여 경음점이 사라진다. 예) דִּי-דְהַב 금의... 그러나 어떤 경우가 긴밀한 관계를 형성하는지에 대한 엄격한 규칙은 없다.

1.4. 후음(ע ח ה א)을 제외한 자음들의 중복은 문자 안에 점("중복점")을 찍어서 표현한다. 예를 들어 בַּנִּית은 /banniyat/으로 읽는다.

---

[1] 모음은 제2과에 설명되어 있으므로, 아래 설명이 어렵게 느껴질 수 있다. 처음에 이해가 어렵더라도 걱정하지 말고, 제2과를 공부한 후 다시 이 부분을 공부할 것을 추천한다.

נ(-nn-) 안에 찍힌 점은 중복점이다. 그러나 ב와 같은 베가드케파트 문자의 경우 그 자음 안의 점이 중복점인지 경음점인지 주의해서 따질 필요가 있다. 경음점은 절대로 모음 다음에는 오지 않기 때문에, 모음 다음에 오는 베가드케파트 문자 안에 찍힌 점은 반드시 중복점이다. 위의 예에서 ב 안의 점은 단어의 첫 글자 안에 찍힌 점이기 때문에 중복점이 아니라 경음점이다.

1.5. 단어의 마지막에 오는 ה에 점이 찍힌 경우(הּ), 이것은 ה가 모음 문자가 아닌 자음으로 쓰였음을 보여준다. 모음 문자에 관해서는 〈2.1〉을 참조하라.

1.6. 어휘

아람어	뜻	아람어	뜻
אֱלָהּ	하나님, 신	מַלְכוּ	왕권, 왕국
מֶלֶךְ	왕	כֹּל	모든 것, 전부
דְּנָה	이것, 이분	אֱדַיִן	그 때, 그 다음에
בְּ	~안에, ~과 함께	וְ	그리고, 그러나
לָא	~가 아니다	מִן	~로부터
עַל	~위에, ~로	לְ	~로, 향하여, ~을 위하여

1.7. 연습문제

1. 다음의 아람어 단어를 다음의 예처럼 음역하라.

　예) מֶלֶךְ 왕 → mlk

　　מלכא 왕 →

מִשְׁכַן 주거 →

תקל 세겔 →

שׁאל 묻다 →

צלח 번성하다 →

קשׁט 진리 →

2. 다음 음역된 아람어를 다음의 예처럼 아람어 알파벳으로 고쳐라.

   예) *rb'* 많다 → רבא

   ktb 그가 적었다 →

   k'n 이제 →

   'dyn 그때 →

   mdh 선물 →

   šlm 평화 →

   ptgm' 그 메시지 →

3. 다음의 아람어 문장을 음역하라.

   מלכין תקיפין הוו על ירושלם (1)

   ושליטין בכל עבד נהרא (2)

   ומדה בלו והלך מתיהב להון (3)

제2과
아람어 글자: 모음부호

2.1. 고대 아람어와 표준 아람어에는 모음 부호가 따로 표기되지 않았다. 대신 일부 자음을 사용하여 모음을 표기하였다. 먼저 단어 끝에 오는 장모음을 ה와 א를 사용하여 표기하기 시작하였다. 나중에는 단어 중간의 장모음도 ו 혹은 י로 표기하기에 이르렀다. 이 문자들(א ה ו י)을 흔히 "모음 문자"(matres lectionis, 직역하면 "읽기의 어머니들")라고 부르며, 고대 아람어와 표준 아람어에서 장모음을 표시하기 위해 이 모음 문자들을 사용하였다. 그러나 중기 아람어부터는 모음 문자들이 단모음을 나타내는 데 사용되기도 한다.

2.2. 성서 아람어 본문에 사용된 모음 기호들은 자음 본문보다 훨씬 후대인 약 주후 7세기 경에 마소라 학자들에 의해 첨가된 것이다. 당시 모음을 표기하는 세 가지 방법(팔레스타인 체계, 바빌로니아 체계, 티베리아 체계) 가운데, 마소라 본문에 적용된 것은 티베리아 체계이다. 티베리아식 모음 표기의 특징은 모음 기호가 대부분 자음의 아래에 위치한다는 것이다. 반면 바빌로니아와 팔레스타인의 모음 체계에서는 모음 기호가 자음의 위에 위치한다.

2.3. 다음은 티베리아 체계에 따른 모음 표기 방법이다.

모음	음역	이름	발음
אָ	ā	카메쯔	"아"로 발음한다. 음역상 장모음으로 표기하지만 발음할 때는 장단(長短) 구별 없이 "아"로 발음한다. 때로는 הָ($ā^h$) 혹은 אָ($ā'$)로 표기된다.

אַ	*a*	파타흐	"아"로 발음한다. 음역상 단모음으로 표기하지만 발음할 때는 장단(長短) 구별 없이 "아"로 발음한다.
אֲ	*ă*	하텝-파타흐	"아"로 발음한다. 음역상 초단모음으로 표기하지만 발음할 때는 장단(長短) 구별 없이 "아"로 발음한다.
אֵ	*ē*	쩨레	"에"로 발음한다. 음역상 장모음으로 표기하지만 발음할 때는 장단(長短) 구별 없이 "에"로 발음한다. 때로는 ִי◌ (*ē^y*); א◌ (*ē'*); ה◌ (*ē^h*)로 표기된다.
אֶ	*e*	세골	"에"로 발음한다. 음역상 단모음으로 표기하지만 발음할 때는 장단(長短) 구별 없이 "에"로 발음한다.
אֱ	*ĕ*	하텝-세골	"에"로 발음한다. 음역상 초단모음으로 표기하지만 발음할 때는 장단(長短) 구별 없이 "에"로 발음한다.
אִ	*i*	히렉	"이"로 발음한다. 음역상 단모음으로 표기하지만 발음할 때는 장단(長短) 구별 없이 "이"로 발음한다.
אִי	*ī^y*	히렉-요드	"이"로 발음한다. 음역상 장모음으로 표기하지만 발음할 때는 장단(長短) 구별 없이 "이"로 발음한다.
אֹ	*ō*	홀렘	"오"로 발음한다. 음역상 장모음으로 표기하지만 발음할 때는 장단(長短) 구별 없이 "오"로 발음한다. 때로는 ו(*ō^w*)로 표기된다.
אָ	*o*	카메쓰-하툽	"오"로 발음하다 음역상 단모음으로 표기하지만 발음할 때는 장단(長短) 구별 없이 "오"로 발음한다.

אָֽ	ǒ	하텝-카메쯔	"오"로 발음한다. 음역상 초단모음으로 표기하지만 발음할 때는 장단(長短) 구별 없이 "오"로 발음한다.
אֻ	u	키부쯔	"우"로 발음한다. 음역상 단모음으로 표기하지만 발음할 때는 장단(長短) 구별 없이 "우"로 발음한다.
אוּ	ū^w	키부쯔-바브,	"우"로 발음한다. 음역상 장모음으로 표기하지만 발음할 때는 키부쯔와 똑같이 발음한다.
אְ	ə	쉐바	유성 쉐바(vocal shewa)일 경우 "으"로 소리 나며, 무성 쉐바(silent shewa)일 경우 발음하지 않는다.

2.4. 다음은 티베리아 체계의 모음들을 혀의 위치와 소리가 만들어지는 위치에 따라 표기한 것이다.

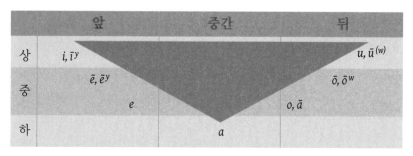

2.5. 음역상 장모음, 단모음, 초단모음의 구별이 있지만, 이것은 아람어 알파벳을 로마문자로 표기한 것에 불과하며, 그것이 고대 아람인들이 발음했을 음의 장단을 표시하는 것은 아니다. 성서 아람어에서는 모음이 장단(quantity)에 의해 구분되지 않고, 음가(quality)에 의해 구분되었다. 가령, 장모음 /ā/는 단모음 /a/를 두배의 길이로 발음한 것이 아니라, 그 두 모음은 다른 음가를 가졌다는 것이다. 예를 들어, 전자는 '오'에 가까운 소리인 반면, 후자는 '아'소리를

가졌을 것으로 추정된다. 성서 아람어를 고대인들이 실제로 어떻게 발음했는지를 재구성하는 것은 매우 복잡하고 어려운 일이다. 따라서 대학이나 신학교에서 아람어 본문을 현대 히브리어 발음으로 읽는 관행에 따라 위 도표에서 아람어 모음 발음을 현대 히브리어 발음을 따라 설명하였다.[1]

2.6. 카메쯔(ā)와 카메쯔-하툽(o)를 구분하는 방법은 다음과 같다.

(1) 비강세 폐음절에서 등장하는 ◌ֳ 는 카메쯔-하툽이므로 /o/로 읽는다. 예를 들어 כָּרְסֵא는 /kārsē'/가 아니라 /korsē'/로 음역한다.

(2) "오"로 발음되는 다른 모음(하텝-카메쯔나 카메쯔-하툽)에 선행하는 ◌ֳ 도 카메즈-하툽이므로 /o/로 발음한다. 예를 들어 לְקֳבֵל은 /loqŏbēl/로 음역하고, הָחֳרְבַת은 /hoḥorbat/(13.2 (4) 참조)으로 음역한다.

(3) 본래 하텝-카메쯔(◌ֳ)였던 것이 활용 중에 ◌ֳ로 변했으면, 그것은 카메쯔-하툽이므로 /o/로 읽는다. 예) קֳדָמַי는 전치사 קֳדָם이 인칭 활용한 형태이므로 ק 밑에 있는 카메츠는 /o/로 발음한다. 따라서 קֳדָמַי은 /qādāmay/가 아니라 /qodāmay/로 음역한다.

---

[1] 쉐바의 발음도 현대 히브리어의 관행을 따른다. 현대 히브리어에서는 보통 쉐바를 "으"로 발음하지만, 다음의 경우들에서는 "에"로 발음한다. (1)접속사 וְ, 비분리전치사, כְּ, לְ, בְּ와 함께 쓰인 쉐바는 "에"로 발음한다. 예를 들어 בְּבַיִת은 "베바잍"으로 읽는다. וְגָדוֹל의 경우는 "베가돌"로 읽는다. (2)피엘과 푸알 분사형의 접두사 מְ는 "메"로 발음한다. 예를 들어, מְדַבֵּר는 "메다베르"로 발음한다. (3)피엘과 푸알 미완료형의 접두사 יְ, תְ, נְ에 붙는 쉐바도 "에"로 발음한다. 예를 들어 תְּדַבֵּר는 "테다베르"로 발음한다. 이 세 가지 경우를 제외한 모든 경우 쉐바는 "으"로 발음된다.

2.7. 유성 쉐바와 무성 쉐바를 언제나 정확하게 구분할 수 있는 것은 아니다. 그러나 다음의 세가지 규칙이 매우 유용하다.

(1) 단모음 다음에는 무성 쉐바가 오며, 장모음 다음에는 유성 쉐바가 온다. 예를 들어, מַלְכָּא에서 לְ 밑에 쓰인 쉐바는 단모음 다음에 나오기 때문에 무성 쉐바이다. 반면에 הוֹדְעָד에서 ד밑에 쓰인 쉐바는 장모음 다음에 나오기 때문에 유성 쉐바이다.

(2) 쉐바가 연속해서 나오는 경우에는 첫번째 쉐바는 무성 쉐바이고 두번째 쉐바는 유성 쉐바이다. 예를 들어, יִכְתְּבוּן에서 כ 밑에 있는 쉐바는 무성 쉐바이고 ת 밑에 있는 쉐바는 유성 쉐바이다.

(3) 단어의 첫음절에 쓰인 쉐바는 언제나 유성이다. 예를 들어 סְפַר에서 ס 밑의 쉐바는 발음된다.

2.8. 음절 분해의 요령: 히브리어에서와 마찬가지로 아람어 음절도 언제나 자음으로 시작한다. 절대로 모음으로 시작하지 않는다. 따라서 두가지 종류의 음절만이 존재한다. 〈자음+모음〉으로된 음절(개음절)과 〈자음+모음+자음〉으로된 음절(폐음절)이다. 음절을 분해할 때는 뒤로부터 시작한다.

🎧)) יִכְתְּבוּן을 음절 분해해 보자. 이를 위해 편의상 음역을 하면 다음과 같다: /yiktəbūʷn/이 된다. 이 단어의 가장 마지막 음절이 자음 n으로 끝나는 것으로 보아 이 단어의 마지막 음절은 〈자음+모음+자음〉의 형태일 것이다(בוּן/būʷn/). 여기에서 וּ는 모음문자이다. 그 다음 음절은 유성쉐바로 끝나는 〈자음+모음〉의 형태일 것이다(תְּ/tə/). 그 다음 음절은 자음으로 끝나는 폐음절일 것이다(יִכְ/yik/). 즉 יִכְתְּבוּן은 /יִכְ–תְּ–בוּן/으로 음절 분해된다.

이번에는 הוֹדְעָד를 음절 분해해보자. 이 단어도 자음으로 끝나기 때문에 마지막 음절은 〈자음+모음+자음〉의 폐음절임을 알 수 있다: עָד. 그 다음 음절을 결정할 때 중요한 것은 ד아래의 쉐바가 유성인 지 무성인지를 결정하는 것이다. 유성이라면 /hōʷ-də-ʻāk/와 같이 3 음절로 분해될 것이고, 무성이라면 /hōʷd-ʻāk/와 같이 2음절로 분해 될 것이다. 그러나 2.7.(1)에 법칙에 따르면 장모음 다음의 쉐바는 유성 쉐바이므로 /הו-ד-עָד/로 음절 분해해야 한다.

2.9. 어휘

아람어	뜻	아람어	뜻
בַּיִת	집	טְעֵם	판단, 판결
פְּשַׁר	해석	שְׁמַיִן	하늘
אֱנָשׁ	인류, 사람	בַּר	밭, 아들
קֳבֵל	~앞에, ~때문에	עִם	~과 함께
אֲרַע	땅	גְּבַר	사람
דְּהַב	금	חֵיוָה	동물
חֵלֶם	꿈	מִלָּה	말씀
עָלַם	영원	פַּרְזֶל	철
רַב	큰, 위대한	אִיתַי	존재하다
הֵן	만약 ~라면	יַד	손

2.10. 연습문제

1. 다음의 아람어 단어들에 사용된 쉐바가 유성쉐바인지 무성쉐
   바인지 결정하라.
(1) **מַלְכָּא** 왕
(2) **אַנְתּוּן** 너희들
(3) **בִּנְיָן** 건물
(4) **אָמְרִין** 말하는
(5) **צֶלֶם** 신상

2. 다음의 아람어 문장을 음역하라.

מַלְכִין תַּקִּיפִין הֲווֹ עַל יְרוּשְׁלֶם   (1)

דְּנָה פַּרְשֶׁגֶן אִגַּרְתָּא דִּי שְׁלַחוּ עֲלוֹהִי   (2)

3. 다음의 단어들을 음절 분해하라.
(1) תַּקִּיפִין
(2) שְׁלַחוּ
(3) אִגַּרְתָּא

제 3 과
음운 법칙 I(자음)

3.1. 아람어의 자음 체계는 시간이 흐르면서 간소화되었다. 특히 페니키아 문자로 아람어가 기록되면서 이런 간소화의 과정이 촉진되었다. 다음은 원시-아람어의 자음들을 발음 위치와 발음 방법에 따라 표시한 것이다.

	입술	윗니와 아랫니 사이	전방 치조	후방 치조	경구	연구	목젖	인두	성문
파열									
무성음	p		t			k			ʾ
유성음	b		d			g			
강조음			ṭ			q			
마찰									
무성음		ṯ (š→t)	s	š				ḥ	h
유성음		ḏ z→d)	z					ʿ	
강조음		ṭʾ (s→ṭ)	ṣ						
전음							r		
측음									
무성음			ɬ(ś→ś/s)						
유성음			l						
강조음			ɬʾ(ṣ→q/ʿ)						
비음	m		n						
운음	w				y				

27개였던 자음의 수가 성서 아람어에서는 23개로 축소된다. 이 축소는 아람어가 페니키아 문자[1]로 기록되면서 가속화되었다. 페니키아 알파벳 문자의 수는 고대 아람어 자음의 수보다 적었기 때문에, 차용된 일부 문자들은 2개 이상의 아람어 자음값들을 표기하는 데 사용되었다. 예를 들어 ת는 /t/와 /ṯ/를 표기하는데 사용되었고, ד은 /d/와 /ḏ/를 표기하는 데 사용되었다. 결국 이것은 자음자체가 통합되는 결과로 이어졌다. 이렇게 다른 자음과의 통합 표기로 결국 없어져 버린 아람어 자음은 /ṯ/, /ḏ/, /ṭ'/, /ṱ/, /ḷ'/ 등이다. 이들은 각각 /t/, /d/, /t/, /ś/, /q 혹은 '/이 되었다.

위 표에서 괄호 안의 내용은 아람어와 히브리어와의 철자 차이를 표시한다. 아람어와 히브리어는 매우 가까운 언어이기 때문에 처음에는 동일한 자음 체계를 가졌던 것으로 추정된다. 그러나 문자화되는 과정에서 히브리어와 아람어는 조금 다른 길을 택했다. 예를 들어 원시 자음 /ṯ/는 히브리어에서는 š(שׁ)으로 표기된 반면, 아람어에서는 t(ת)로 표기된다. 따라서 원시 셈어 /y-ṯ-b/ ("앉다, 거하다")가 히브리어에서는 ישׁב로 아람어에서는 יתב로 표기된다. 원시 자음 /ḏ/는 히브리어에서는 ז으로 아람어에서는 ד으로 표기된다. 따라서 원시 셈어 /ḏ-b-ḥ/ ("제사")이 히브리어에서는 זֶבַח로 아람어에서는 דְּבַח가 된다. 원시 자음 /ṭ'/는 히브리어에서 צ로 아람어에서는 ט로 표기된다. 따라서 원시 셈어 /q-y-ṭ'/ ("여름")은 히브리어에서는 קַיִץ로 아람어에서는 קַיִט로 표기된다. 또한 원시자음 /ḷ'/는 히브리어에서는 צ로, 아람어에서는 ק 혹은 ע으로 표기된다. 따라서 원시 셈어 /'-r-ḷ'/ ("땅")은 히브리어에서 אֶרֶץ로 아람어에서는 אֲרַק 혹은 אֲרַע로 표기된다. 이것을 정리하면 아래와 같다. 한편 원시자음 /ṱ/는 히브리어와 성서 아람어에서는 모두 /ś/으로 표기되지만, 중기, 후기 아람어에는 /s/으로 표기된다.

---

[1] 제1과에서 소개된 아람어 문자는 페니키아 문자로부터 발전한 것이다.

원시자음	히브리어	아람어	뜻
t	ישב שׁ	יתב ת	거하다
ḏ	זבח ז	דבח ד	제사
t'	קיץ צ	קיט ט	여름
ṯ'	ארץ צ	ארק/ע ק/ע	땅

3.2. 다음은 히브리어와 아람어 자음 비교표이다.

아람어 → 히브리어		히브리어 → 아람어	
א	א	א	א
ב	ב	ב	ב
ג	ג	ג	ג
ד	ד 또는 ז	ד	ד
ה	ה	ה	ה
ו	ו	ו	ו
ז	ז	ז	ד 또는 ז
ח	ח	ח	ח
ט	ט 또는 צ	ט	ט
י	י	י	י
כ	כ	כ	כ
ל	ל	ל	ל
מ	מ	מ	מ
נ	נ	נ	נ
ס	ס	ס	ס
ע	צ 또는 ע	ע	ע

פ	פ	פ	פ
צ	צ	צ	ק, ע, צ
ק	ק 또는 צ	ק	ק
ר	ר	ר	ר
שׁ	שׁ	שׁ	שׁ 또는 ס
שׂ	שׂ	שׂ	ת 또는 שׂ
ת	שׂ 또는 ת	ת	ת

3.3. 일반적으로 음절의 종성으로 쓰인 **נ**은 이어 나오는 자음에 완전히 동화된다: 〈נ + 자음〉 → 〈자음 + 자음〉. 예) **יִנְפֵּל**이 **יִפֵּל**이 된다. 그러나 후대로 갈수록 중복 자음이 〈נ + 자음〉으로 이화(dis-similation) 되는 경우가 생겨난다(〈자음 + 자음〉 → 〈נ + 자음〉).

중복 자음이 반드시 〈נ + 자음〉으로부터 생겨난 것이 아니더라도 〈נ + 자음〉로 이화되는 경우가 있는데, 이것은 아카드어에서 자주 발생하는 비음화(nasalization)의 결과이다. 따라서 이 현상은 아람어의 동부 방언들에서 자주 발생한다. 예) **תִּנְדַּע** (< *tidda‘*) 너는 알 것이다. **לְהַנְסָקָה** 올리다.

3.4. 중기, 후기 아람어에서는 강조 자음(*q, ṣ, ṭ*) 두 개가 나란히 등장할 경우 그 중 하나는 해당 무성자음(*k, s, t*)으로 바뀌는 경우가 있다. 예를 들어 "죽이다"에 해당하는 아람어는 {*qṭl*}이, 일부 고대 아람어 비문에서는 {*qtl*}이 된다(*qṭ → qt*).

3.5. 중기, 후기 아람어에서는 **שׂ**이 **ס**이 된다(3.1의 마지막 문장 참조). 성서 아람어(표준 아람어)에서 이 현상은 시작 단계이다. 일반적으로 성서 아람어는 **שׂ**을 정확하게 표기하지만, 외래어의 경우 **שׂ**과 **ס**을 혼동하여 사용하기도 한다. 예) **אַרְתַּחְשַׁשְׂתְּא** 아닥사스다(스 4:7). **אַרְתַּחְשַׁסְתְּא**(스 7:21). 이런 혼동은 후대의 **שׂ**에서 **ס**으로의 변화를 예고하는 것 같다.

3.6. 어휘

아람어	뜻	아람어	뜻
יוֹם	날	נְהַר	강
נוּר	불	עַם	백성
צְלֵם	신상	אָחֳרָן	또 하나의
אֵלֶּךְ	이것들, 이분들	אַרְיֵה	사자
אַתּוּן	화로	גֹּב	굴, 구덩이
גַּו	안, 등	דָּת	법령, 판결
הֵיכַל	성전	זְמָן	시간
חַד	하나	חֵזוּ	환상
חַכִּים	지혜로운, 지혜자	יְהוּדִי	유대인
כְּסַף	은	כְּעַן	이제

3.7.　연습문제

다음의 히브리어와 아람어 사이의 철자 상의 차이를 설명하라.

아람어	뜻	히브리어	설　명
שת	여섯	שֵׁש	설명의 예: 여섯을 의미하는 히브리어와 아람어는 본래 같은 단어이다. 그 둘 사이의 철자적 차이(/ŝŝ/ vs /ŝt/)는 원시 자음 /t̬/가 히브리어에서는 /ŝ/으로 아람어에서는 /t/로 변화했다는 사실로 설명할 수 있다.

חדת	새로운	חדש	
אדרע	팔	אזרע	
דהב	금	זהב	
יעט	조언하다	יעץ	
נטר	지키다	נצר	
ארע	땅	ארץ	
יתב	거하다	ישב	
תקל	무게	שקל	

제 4 과
음운 법칙 II(모음)

4.1. 아람어에서는 가나안어 모음전이(Canaanite Shift)가 발생하지 않는다. 즉 역사적 장모음 /ā/가 히브리어에서처럼 /ō/로 변하지 않는다. 예를 들어 아람어 טָב(좋은)에 쓰인 /ā/는 본래부터 장모음이었다. 히브리어에서는 가나안어 모음전이가 발생하기 때문에 같은 단어가 טוֹב로 표기된다. 또한 다른 역사적 장모음(/ī/와 /ū/)과 마찬가지로 /ā/도 곡용할 때 변하지 않는다. 이 때문에 טָב가 여성형(טָבָה)으로, 혹은 남성 복수형(טָבִין)으로 곡용해도 ט밑의 모음은 변하지 않는다.

4.2. 강세 음절 앞에 위치한 개음절의 단모음은 유성 혹은 무성 쉐바로 축약된다(pretonic shortening). 예를 들어 "셋"을 의미하는 원시-셈어 talāt는 아람어에서 təlāt(תְּלָת)가 된다. 강세음절(/lāt/) 앞에 있는 단모음(/a/)이 유성 쉐바로 축소된 것이다. 개음절에 사용된 단모음이 쉐바로 축약되지 않고 그대로 유지되는 경우에는 그 음절이 대개 강세를 가지게 된다. 예) כְּתַבוּ (*katabū´ → kətaˊbū). 반면에 히브리어에서는 강세 음절 앞에 위치한 단모음은 보통 장음화된다(pretonic lengthening). 예를 들어 "셋"을 의미하는 원시-셈어 talāt가 아람어에서는 תְּלָת가 되지만, 히브리어에서는 שָׁלוֹשׁ가 된다. 강세음절(/lōʷš/) 앞에 있는 단모음(/a/)이 카메쯔(/ā/)로 장음화된 것이다.

4.3. 상세를 가신 폐음절의 단모음 /i/와 /u/는 아람어에서 각각 /e/ 혹은 /ē/와 /o/ 혹은 /ō/로 변화한다(2.4의 모음삼각도 참조).

4.4. 강세를 가지지 않은 폐음절의 단모음 /a/는 후음문자가 주변에 없으면, 종종 /i/로 감쇠된다("attenuation"). 그러나 강세를 가진 폐음절의 단모음 /a/는 변화하지 않는다.

4.5. 이중모음 /aw/는 언제나 /ō⁽ʷ⁾/로 축약되며, /ay/는 강세를 가진 폐음절의 경우를 제외하면, /ē⁽ʸ⁾/로 단모음화된다.

4.6. *qaṭl/qiṭl/quṭl와 같은 단음절 어간은 히브리어에서는 세골 명사화하지만 아람어에서는 좀 다른 변화를 거친다. 격을 표시하는 모음이 아람어에서 사라진 후 두 개의 근자음이 모음 없이 충돌하게 되자(-ṭl), 이 충돌을 없애기 위해 단모음 /i/ 혹은 /a/가 삽입되었다. 이 때 강세도 새로 형성된 음절로 이동한다.

예) *qáṭl → *qaṭíl.

그리고 아람어의 음운법칙에 따라 첫 번째 음절의 단모음이 쉐바로 축약되고(4.2 참조) 두 번째 강세음절의 단모음 /i/는 /e/ 혹은 /ē/로 변화한다(4.3 참조).

예) *qaṭil → *qəṭil → qəṭēl

그러나 이 유형에 속하는 명사 중 일부는 히브리어 세골명사와 동일한 형태를 취하기도 한다. 예) אֶבֶן 돌. 주의할 것은 이런 단음절 어간의 명사가 곡용하거나 대명 접미사를 취할 때는 본래 단음절 어간이 되살아난다는 것이다.

예) צֶלֶם(〈*ṣalm)에 접미어가 붙으면 צַלְמָא가 된다.

4.7. 아람어 단어의 강세는 보통 마지막 음절에 위치한다. 단 마지막 음절이 장모음(여성 명사 어미 제외, 남성 단수, 여성 단수와 복수의 결정형 어미 제외)으로 끝나는 개음절일 때는 그 앞의 음절에 강세가 위치한다.

4.8. 어휘

아람어	뜻	아람어	뜻
כְּתָב	글	לָהֵן	그러나, 그러므로
מְדִינָה	지방	עֲבַר	건너편
עִדָּן	시간, 시기	עִלָּי	지존자
פֶּחָה	총독	קַדִּישׁ	거룩한
קֶרֶן	뿔	רֵאשׁ	머리
רוּחַ	바람, 영	שַׂגִּיא	큰, 많은
שְׁאָר	나머지	שָׁלְטָן	통치, 주권
שַׁלִּיט	다스리는	שֵׁם	이름

4.9. 연습문제

1.다음 히브리어와 아람어의 모음 철자 차이를 설명하라.

뜻	아람어	히브리어	설명
사람	אֱנָשׁ	אֱנוֹשׁ	설명의 예: 사람을 의미하는 아람어와 히브리어는 같은 어원에서 유래했다. 그러나 그 두 단어 사이의 모음의 차이($/\bar{a}/$ vs. $/\bar{o}^w/$)는 역사적 장모음 $/\bar{a}/$가 $/\bar{o}^w/$로 변하는 가나안 모음 전이가 아람어에서는 발생하지 않는다는 사실을 통해 설명할 수 있다.
세대	דָּר	דּוֹר	

~가 아니다	לָא	לֹא
영원	עָלַם	עוֹלָם
소리	קָל	קוֹל
100	מְאָה	מֵאָה
선지자	נְבִיא	נָבִיא
준비된	עֲתִיד	עָתִיד

2. 다음의 단어에 강세를 표시하라.

(1) אֲנַחְנָא

(2) הַעֶלְנִי

(3) שְׁבַקוּ

(4) מְדִינָה

제 5 과
명사와 형용사: 생성과 곡용

5.1. 다른 셈어에서와 마찬가지로, 아람어의 명사와 형용사는 그 형태와 기능에 있어 서로 매우 유사하다. 이들은 외래어인 경우를 제외하면 보통 세 개의 자음(때때로 두 개의 자음)으로 구성된 어근에서 파생되어 형성된다.[1] 어근을 구성하는 자음들을 근자음이라고 부르는데 명사나 형용사가 그 근자음들에서 파생되는 방법은 대략 다음의 두 가지다.

(1) 세 개의 근자음에 일정한 모음들이 유형을 이루며 첨가된다. 이 때 두 번째 근자음 혹은 세 번째 근자음이 중복되기도 한다. 예를 들어, qəṭal 형은 근자음 q-ṭ-l에 원시 단모음 /a/가 삽입된 *qaṭal 형태였으나 아람어의 음운법칙(4.2와 4.4 참조)에 따라 최종적으로 qəṭal이 된 것이다. qəṭal과 같은 모음 패턴을 가진 명사는 아람어에 무수히 많다.

예) נְהַר 강, סְפַר 책, דְּבַר 말씀, בְּשַׂר 육체, דְּהַב 금.

또한 qattīᵞl 형은 두 번째 근자음이 중복된 어간 q-ṭṭ-l에 모음 /a/와 /īᵞ/가 첨가된 것이다. 이것은 성서 아람어에서 가장 많이 쓰이는 형용사 유형이다.

예) קַדִּישׁ 거룩한, חַכִּים 지혜로운, יַצִּיב 확정된, 확실한,
עַתִּיק 오래 된, תַּקִּיף 힘센, 강한.

(2) 접두어나 접미어가 붙어 명사나 형용사가 형성되기도 한다. 명

---

[1] 이렇듯 어근을 형성하는 자음들을 근자음이라고 부른다. 이 근자음은 전통적으로 p'l (פעל)로 표기되었으나 본서에서는 qtl (קטל)로 표기할 것이다.

사나 형용사를 만드는 대표적인 접두어는 ’(א), m(מ), t(ת) 등이 있으며, 대표적인 접미어로는 −ān(וֹ), −ōn(וֹן), −īt(ית), −ūt(ות), −āy(וֹ) 등이 있다. אֶדְרָע 팔은 근자음 דרע에 접두어 א가 첨가된 형태이며, מִשְׁכַּן 주거는 근자음 שכן에 접두어 מ이 첨가된 형태이다. אָחֳרָן 또 하나의는 근자음 אחר에 접미어 /−ān/이 첨가된 형태이다.

이 외에도 두개의 근자음으로만 구성된 어근(예: בַּר 아들, קָל 목소리), 두 근자음들을 중복함으로써 형성된 명사(예: גַּלְגַּל 수레바퀴), 네개의 근자음으로 된 명사도 존재한다(예: פַּרְזֶל 철).

5.2. 이렇듯 근자음에 일정한 모음 유형들이 결합된 형태는 특정한 의미나 기능으로 특화되기도 한다. *qattīl*은 아람어의 대표적 형용사 어간으로 특화되었고, *qi/attāl*은 직업을 나타내는 명사로 특화되었다. 예를 들어 "크다"를 의미하는 어근 שׂגא에 *qattīl*에 사용된 모음을 대입하면 "큰"이라는 형용사 שַׂגִּיא가 만들어진다. טבח는 "도살하다, 요리하다"는 의미인데 이 어근을 *qattāl*형 명사로 만들면 "도살자, 요리사"(טַבָּח)가 만들어진다. 또한 접미사 −ī(t)나 −ū(t)로 끝나는 단어들은 대개 추상적 의미를 가진다 (예: רְבוּ 다수). 접미사 āy는 민족이나 종족을 표시하는 단어를 나타낸다(예: יְהוּדָי 유대인). 또한 접두어 m−은 종종 장소를 가리키는 명사를 만들어낸다(예: מִשְׁכַּן 거처, 사는 곳).

5.3. 아람어의 명사와 형용사에는 성과 수가 있다. 이것에 따라 명사나 형용사의 형태가 조금씩 달라진다. 성에는 남성과 여성이 있고, 수에는 단수, 복수, 쌍수가 있다. 또한 명사는 문장 안에서 절대형, 연계형, 결정형의 세가지 형태로 존재한다.

절대형은 사전에 실린 명사의 기본형이다. 연계형은 그 명사가 후속하는 명사와 일정한 문법적 관계를 형성할 때 취하는 형태이다. 결정형은 연계형에 접미어 /ā’/가 붙은 형태로[2] 이 접미어는 성서

[2] 남성 단수 결정형 어미는 본래 −ā’이지만, −āʰ로 표기되는 경우도

아람어에서 정관사의 기능을 한다.

명사와 형용사는 다음과 같이 곡용한다.

	남성 단수	어미	여성 단수	어미
절대형	טָב	없음	טָבָה	$-\bar{a}^{h}$
연계형	טָב	없음	טָבַת	$-at$
결정형	טָבָא	$-\bar{a}'$	טָבְתָא	$-\partial t\bar{a}'$

	남성 복수	어미	여성 복수	어미
절대형	טָבִין	$-\bar{\imath}^{y}n$	טָבָן	$-\bar{a}n$
연계형	טָבֵי	$-\bar{e}^{y}$	טָבָת	$-\bar{a}t$
결정형	טָבַיָּא	$-\acute{a}yy\bar{a}'$	טָבָתָא	$-\bar{a}t\bar{a}'$

5.4. 아람어의 여성형 어미는 히브리어와 마찬가지로 $/\bar{a}^{h}/$이다. 본래 여성형 어미는 $/at/$였으나, 아람어에서는 단어 끝에 t로 끝나는 강세 음절을 허락하지 않기 때문에 t가 탈락하고 단모음 $/a/$가 장모음 $/\bar{a}/$로 길어지고 모음문자 h가 첨가된 것이다. 아람어에서 남성 복수 절대형 어미는 $-\bar{\imath}^{y}n$이다. (히브리어의 남성 복수 어미 $-\bar{\imath}^{y}m$과 비교하라). 본래 $/\bar{\imath}^{y}/$는 원시 셈어에서 주격 이외의 격(소유격, 목적격, 여격)에 사용된 복수 어미였으나 격조사가 사라진 히브리어와 아람어에서는 모든 격을 대표하는 복수 어미로 사용된다. 여기에 히브리어는 보조 자음 מ을 아람어는 נ을 붙여 복수형 어미를 형성하였다. 여성 복수 절대형 어미는 $-\bar{a}n$이다. 본래 여성형 복수 어미는 $-\bar{a}t$(히브리어 여성 복수 어미 $-\bar{o}^{w}t$를 참조)였으나, 아람어에서는 단어의 마지막에 t로 끝나는 강세 음절을 허락하지 않기 때문에 t가 생략되고, 여성 복수 절대형을 여성 단수 절대형과 구분하기 위해 남성 절대 복수형에 붙은 보조 자음(n)을 어미로 취하였다.

있다. 반대로 여성 단수 절대형의 어미는 본래 $-\bar{a}^{h}$이지만, $-\bar{a}'$로 표기되는 경우도 있다.

5.5 연계형의 형태는 자체 강세를 잃어버리고 후속하는 명사에 강세를 의존하는 음운론적 환경과 깊은 관련이 있다. 강세 음절의 직전 개음절의 단모음이 축약되는 아람어 음운 법칙(pretonic shortening) 때문에 아람어에서는 남성 단수의 경우 대부분 절대형과 연계형의 형태가 동일하다. 그러나 여성 단수, 남성 복수, 여성 복수의 경우 절대형과 연계형의 형태가 다르다. 남성 복수 연계형 어미는 히브리어와 마찬가지로 -*ê*ᵞ이다. 이것은 복수 연계형에 사용되는 쌍수 어미 /ay/가 무강세의 연계형에서는 /*ê*ᵞ/로 축약된 것이다. 여성 단수형과 복수형에서도 자체 강세를 잃어버리는 연계형은 본래의 어미 /at/와 /āt/를 회복한다.

5.6. 결정형의 형태는 연계형에 결정형 어미 /ā'/를 붙이는 것이다. 남성 단수 결정형은 연계형 טַב에 결정형 어미가 붙은 טָבָא이며, 여성 단수 결정형은 연계형 טָבַת에 결정형 어미가 붙은 טָבְתָּא이며, 여성 복수 결정형도 연계형 טָבָת에 결정형 어미가 붙은 טָבָתָא이다. 남성 복수 결정형의 경우 연계형 טָבֵי가 강세를 받았을 때의 형태인 טָבֵי*에 결정형 어미 /ā'/가 붙은 טָבַיָּא가 된다.

5.7. 여성 형용사는 반드시 여성형 어미 /-āʰ/를 취한다. 그러나 여성 명사는 반드시 그런 것은 아니다. 여성형 어미로 끝나지 않는 여성 명사들이 있다. 예를 들어 짝을 이루는 신체의 일부는 여성형 어미가 없어도 여성 명사이다: יַד 손, עַיִן 눈, אֹודֶן 귀, קֶרֶן 뿔.

그 외에 אֶבֶן 돌, נוּר 불, רוּחַ 영, אֹרַח 길 등도 여성 어미를 가지지 않지만 문법적 여성으로 취급받는다. 이런 명사들은 남성 복수 혹은 여성 복수 형태를 취할 수 있으므로 사전을 통해 나올 때마다 그 복수형을 확인해야 한다. 예를 들어 קֶרֶן은 여성명사이지만 남성 복수 어미(קַרְנִין)를 취하는 반면, אֹרַח의 복수형은 여성 어미를 취한 אָרְחָן이다. 한편 여성형 단수 어미를 가졌으나, 복수에서는 남성형 어미를 취하는 여성 명사도 존재한다: מִלָּה의 복수형은 מִלִּין이며, אַמָּה의 복수형은 אֶמָּין이다. 보다 자세한 것은 17.3 (2)를 참조하라.

5.8. 정관사의 의미를 가지는 결정형은 호격으로도 사용된다.

מַלְכָּא לְעָלְמִין חֱיִי 왕이여, 오래 사소서.

5.9. 민족을 나타내는 어미인 –āy로 끝나는 명사들은 결정형의 형태가 조금 다르다. 남성 단수 결정형은 –āyʾā, 남성 복수 결정형은 –āyēʾ(크티브는 –āʾēy)로 끝난다. 남성 복수 절대형의 어미는 –āʾīʸn이다.

뜻	단어	남성단수 결정형	남성복수 절대형	남성복수 결정형
유대인	יְהוּדִי	יְהוּדָיָא	יְהוּדָאִין	יְהוּדָיֵא/-ֵאֵי
갈대아인	כַּשְׂדָּי	כַּשְׂדָּיָא	כַּשְׂדָּאִין	כַּשְׂדָּיֵא/-ֵאֵי
바빌론인	בָּבְלִי	בָּבְלָיָא	בָּבְלָאִין	בָּבְלָיֵא/-ֵאֵי

5.10. 명사나 형용사의 어간에 곡용을 위한 어미가 붙을 때, 어간의 모음들은 아람어 음운 법칙에 따라 변화한다. 제4과에 설명된 모음 음운 법칙들에 유의하라. 이 때 주의해야 할 것은 단수와 복수에서 다른 어간이 사용되는 단어들이다. 대표적인 것이 단음절 어간(*qaṭl, *qiṭl, *quṭl)에서 유래한 단어들이다. 이 단어들은 복수에서 복음절 어간(*qaṭal, *qiṭal, *quṭal)을 사용한다. 예를 들어, מֶלֶךְ에 단수 결정형 어미 /–āʾ/가 붙으면 본래의 단모음 어간인 *malk–가 되살아나 malkāʾ(מַלְכָּא)가 된다. 그러나 남성 복수형 어미 –īʸn는 복음절 어간인 *malak에 붙어 *malakīʸn을 이룬다. 이것은 아람어 음운 법칙(4.2 참조)에 따라 maləkīʸn(מַלְכִין)이 된다(כ에 경음점이 없음에 주목할 것). חֵלֶם(꿈)에도 단수 결정형 어미가 붙으면 본래 단모음 어간인 *qiṭl이 되살아나 חֶלְמָא가 된다. ח 밑에 /i/가 아니라 /e/가 온것은 비강세 폐음절의 단모음 /i/는 /e/ 혹은 /ē/가 된다는 음운 법칙(4.3 참조)에 의한 것이다.

5.11. 남성 쌍수 절대형을 나타내는 어미는 /-ayin/이다. 성서 아람어에서 쌍수는 대개 자연에서 쌍으로 존재하는 것들에 국한되어 나타난다: 두 손 יְדַיִן, 두 발 רַגְלַיִן, 두 이(윗니와 아랫니) שִׁנַּיִן. 남성 쌍수 연계형과 결정형은 남성 복수 연계형과 결정형의 형태와 동일하다.

5.12. 어휘

아람어	뜻	아람어	뜻
אַב	아버지	זִיו	외모, 영광
אֶבֶן	돌	חַי	살아있는
אֲחַשְׁדַּרְפַּן	태수	חַיִל	군대, 힘
אִילָן	나무	חָכְמָה	지혜
אֻמָּה	민족	חֲמַר	포도주
אָסְפַּרְנָא	철저히	חֲסַף	진흙
אֱסָר	금령	יְקָר	명예
אָשַׁף	마술사	יַתִּיר	뛰어난
אֲתַר	장소	כָּהֵן	제사장
כֵּן	이렇게, 그렇게	כְּנָת	동료
לְבַב	마음, 심장	מָאן	그릇, 용기
לִשָּׁן	혀	מִשְׁכַּב	침대
מְאָה	백	נְחָשׁ	동

5.13. 연습문제

1. 다음의 어근과 파생 단어로부터 모음 패턴 혹은 접두어, 접미어를 밝히고, 파생 단어의 의미를 유추해보라.

어근과 어근의 뜻	파생단어	모음 패턴/ 접두, 접미	뜻
גבר 힘세다	גִּבֹּר	qiṭṭāl	용사
דִּין 재판하다	דַּיָּן		
דבח 제사하다	מַדְבֵּחַ		
בבל 바벨론	בַּבְלִי		
מלך 다스리다	*מַלְכוּת		

2. 다음의 남성 명사와 형용사들을 곡용하라.

남.단.결	남.단.결	남.복.절	남.복.연	남.복.결
חָכִים				
קַל				
טוּר				
דָּת				

3. 다음의 여성 명사와 형용사들을 곡용하라.

여.단.절	여.단.연	여.단.결	여.복.절	여.복.연	여.복.결
חֲכִימָה					
חֵיוָה					
אַמָּה					
טָבָה					

4. 다음 명사를 곡용하라.

남.단.절	남.단.결	남.복.절	남.복.연	남.복.결	*원시형태
לֶחֶם 빵					*qaṭl
סֵפֶר 책					*qiṭl
זֶרַע 씨					*qaṭl
צֶלֶם 형상					*qaṭl
רֹגֶז 분노					*quṭl

제 6 과
명사와 형용사: 연계 구문

6.1. 아람어에서는 명사와 명사 사이의 관계를 표현할 때 〈연계형 + 절대형/결정형〉의 구문을 자주 사용한다. 이 구문을 편의상 "연계 구문"이라고 부르자. 이 연계 구문은 두 개의 명사로 구성되었지만 하나의 강세만을 가질 정도로 두 명사 사이의 의미적 연관을 매우 강조하는 표현이다. 연계 구문의 두 명사 사이의 의미적 관계는 문맥에 따라 매우 다양하다. 후속하는 명사가 선행하는 명사의 속성을 한정하는 경우(1), 후속하는 명사가 연계형 명사의 의미상 주어(2, 3) 혹은 목적어가 되는 경우(4, 5, 6), 혹은 선행하는 연계형 명사가 후속 명사의 일부(7)를 나타내는 경우, 관용적인 용법(8) 등 연계 구문의 두 명사 사이의 관계는 실로 다양하다. 한국말로 번역할 때는 통상 조사 "~의"를 사용한다. 다음의 예를 공부해 보자.

아람어	뜻
אֱלָהּ שְׁמַיָּא	(1) 하늘의 하나님
מִלַּת מַלְכָּא	(2) 왕의 말씀
בְּנֵי גָלוּתָא	(3) 유배의 아들들
חֲנֻכַּת צַלְמָא	(4) 신상의 봉헌
שִׁלְטֹנֵי מְדִינָתָא	(5) 나라들의 지배자들
פְּשַׁר מִלְּתָא	(6) 말씀의 해석
שְׁאָר חֵיוָתָא	(7) 짐승들의 나머지
עָלַם עָלְמַיָּא	(8) 영원들의 영원

6.2. 연계 구문에 정관사적 의미가 포함되었는지의 여부는 명사가 정관사적 의미를 가지는지의 여부에 달려있다. 연계형에 후속하는 명사가 결정형이거나, 고유명사이거나, 대명접미사를 포함한 명사일 경우, 연계 구문 전체가 정관사적 의미를 가지는 것으로 여겨진다. 다음의 예를 공부해보자.

연계 구문	영어번역	우리말 번역
סְפַר מֶלֶךְ	*a book of a king*	어떤 왕의 책
סְפַר מַלְכָּא	*the book of the king*	그 왕의 책
סְפַר דָּוִיד	*the book of David*	다윗의 책
סְפַר מַלְכִּי	*the book of my king*	나의 왕의 책

만약 연계형 명사는 정관사적 의미를 가지지 않고, 후속하는 명사만이 정관사적 의미를 가지도록 하기 위해서는 연계 구문 자체를 포기하고 다른 구문들을 사용해야 한다. 예를 들어 "그 왕의 어떤 책"을 아람어로 표현하기 위해서는 전치사 **לְ**를 사용한다: סְפַר לְמַלְכָּא

6.3. 연계형 명사와 후속 명사로 이루어진 연계 구문은 여러가지로 복잡해질 수 있다. 첫째, 연계 구문을 구성하는 명사 중 하나가 형용사의 수식을 받을 수 있다. 이 때 형용사는 연계 구문 밖에 위치해야 하며, 그 형용사는 수식하는 명사와 성, 수, 정관사적인 의미의 여부에서 일치해야 한다. 다음의 예들을 공부해 보자.

연계 구문	우리말 번역
סְפַר מַלְכְּתָא רַבְּתָא	그 위대한 여왕의 책
סְפַר מַלְכְּתָא רַבָּא	그 여왕의 위대한 책
בֵּית אֱלָהָא דְנָה	이 하나님의 집

둘째, 연계 구문은 복수(multiple)의 연계형 명사나 복수의 후

속 명사를 가질 수 있다:עֲבִידַת מְדִינַת בָּבֶל 바빌론(의) 지방의 일, מִלֵּי מַלְכָּא וְרַבְרְבָנוֹהִי 왕과 그의 신하들의 말씀들.

셋째, 연계형 명사는 후속하는 전치사 구와 연계 구문을 형성할 수도 있다: מַלְכְוָת תְּחוֹת כָּל־שְׁמַיָּא 모든 하늘 아래의 왕국들.

6.4. 이처럼 연계 구문이 복잡해졌을 때 생길 수 있는 의미적 혼란을 극복하기 위해서 성서 아람어에서는 דִי를 통한 우회 용법을 사용하기도 한다. 다음의 예를 공부해 보자.

아 람 어	우 리 말
בֵּית אֱלָהָא	하나님의 집
בַּיְתָא דִי אֱלָהָא	하나님의 집
עֲבִידַת מְדִינַת בָּבֶל	바빌론(의) 지방의 일
עֲבִידְתָּא דִי מְדִינַת בָּבֶל	바빌론 지방의 일

6.5. 아람어 형용사의 용법에는 한정적 용법과 서술적 용법 두가지가 있다. 한정적 용법이란 형용사가 명사를 수식하는 경우를 지칭하며, 서술적 용법은 형용사가 서술어로 쓰이는 경우를 말한다. 한정적 형용사는 수식하는 명사에 후속하며, 그것과 성, 수, 정관사적 의미에 있어서 일치해야 하지만, 서술적 형용사는 주어가 되는 명사에 선행하며 그것과 성과 수에서만 일치하면 된다. 다음의 예를 공부해 보자.

한정적 용법: מַלְכָּא טָבָא 선한 왕
서술적 용법: טָב מַלְכָּא 그 왕은 선하다

성서 아람어에서는 여성형 형용사가 명사적 의미로 사용되기도 한다: שְׁחִיתָה 허물(단 6:5), עֲמִיקָתָא וּמְסַתְּרָתָא 깊은 것들과 숨겨진 것들(단 2:22), חַשְׁחָן 필요한 것들(스 6:9), רַבְרְבָן 큰 것들(단 7:8).

6.6. 무동사 문장(Verbless Clause): "A는 B이다" 형식의 아람어 문장은 동사를 필요로 하지 않는다. 주어와 서술어를 병치하면 된다. 주어가 될 수 있는 것은 명사(구)와 대명사이며, 술어가 될 수 있는 것은 명사(구), 형용사, 분사, 전치사구, 부사 등이다. 보통 주어 다음에 나오는 분사를 제외하면, 특별한 순서가 없기 때문에 어느 것이 주어인지 서술어인지는 문맥이 결정한다. 다음의 문장들을 공부해 보자.

아 람 어	우 리 말
מַלְכָּא טָב	그 왕은 선하다
מַלְכָּא אֲנָה	나는 왕이다
מֶלֶךְ אַרְיֵה	왕은 사자다/사자는 왕이다
עִם מַלְכָּא אֲנָה	나는 왕과 함께 있다

6.7. 어휘

아람어	뜻	아람어	뜻
סָפַר	서기관	רְגַל	발
עֲבַד	종	רָז	비밀
עֲבִידָה	일	רַעְיוֹן	생각
פֻּם	입	שִׁבְעָה	일곱
פָּרַס	페르시아	שְׁנָה	년, 해
פִּתְגָּם	편지	תּוֹר	비둘기
קָל	목소리	אֲלוּ	보아라
קִרְיָה	도시	אָע	나무
רְבִיעִי	네번째	בְּרַם	그러나
רַבְרְבִין	큰, 위대한	גְּשֵׁם	몸

6.8. 연습 문제: 이 책에 부록으로 수록된 아람어 사전을 활용하여 다음 아람어를 우리말로 옮겨라.

(1) מַלְאֲכִין קַדִּישִׁין

(2) רֵאשׁ צַלְמָא דְהַב

(3) בַּר לְיִשְׂרָאֵל רַב

(4) עֲבֵד אֱלָהּ שְׁמַיָּא רַבָּא

(5) רוּחַ אֱלָהִין קַדִּישִׁין

(6) בַּעֲבַר נַהֲרָא

(7) בְּנֵי־אֲנָשָׁא כְחֵיוַת בָּרָא

(8) כֹּל שִׁלְטֹנֵי מְדִינָתָא בִּירוּשְׁלֵים לַחֲנֻכַּת צַלְמָא

(9) לְגוֹא־אַתּוּן נוּרָא

(10) בְּחֶזְוֵי לֵילְיָא

제7과
아람어 동사 어간들과 "시제",
강동사 활용: 크탈(페알)

7.1. 성서 아람어의 어간들은 능동, 수동, 재귀, 세 그룹으로 나뉜다. 능동 어간에는 크탈, 캇텔, 하크텔이 있다. 크탈(קְטַל)은 전통적으로 페알(פְּעַל, Peal)로 불린 것으로 어간들 중 가장 기본이 되는 어간을 지칭한다(Grundstamm). 캇텔(קַטֵּל)은 전통적으로 파엘(פַּעֵל, Pael)로 불린 어간으로 기본 어간 의미를 강화하거나 기본 어간에 사역의 의미를 첨가한다. 이 어간은 두 번째 근자음이 중복되는 특징을 가진다. 마지막 능동 어간은 하크텔(הַקְטֵל)이다. 이것은 전통적으로 하펠(הַפְעֵל, Haphel)로 불린 어간으로 기본 어간 의미에 사역의 의미를 첨가한다. 하크텔은 근자음에 접두어 ה를 첨가하는 특징을 가진다.

이 세 개의 능동 어간에 대응하는 세 개의 수동 어간으로는 크틸, 쿳탈, 호/후크탈이 있다. 크틸(קְטִיל)은 전통적으로 페일(פְּעִיל, Peil)로 불린 어간으로 기본 어간에 수동의 의미를 더한다. 캇텔에 대응하는 수동 어간은 쿳탈(קֻטַּל)이다. 전통적으로 푸알(פֻּעַל, Pual)로 불리는 어간으로 캇텔의 의미에 수동의 의미를 더한다. 마지막 수동어간은 호/후크탈(הֻ/הָקְטַל)로, 전통적으로 호/후팔(הֻ/הָפְעַל, Ho/uphal)로 불리었다. 하크텔의 의미에 수동의 의미를 더한다.

세 개의 능동 어간에 대응하는 세 개의 재귀 어간도 존재한다. 재귀 이간들은 접두어 הִת를 가지는 것이 특징이다. 크탈에 대응하는 재귀어간은 히트크텔(הִתְקְטֵל, 전통적으로 히트페엘[Hithpeel]로 불림), 캇텔에 대응하는 재귀 어간은 히트캇탈(הִתְקַטַּל, 전통적으로 히트파알[Hithpaal]로 불림), 하크텔에 대응하는 재귀 어간은 히트하크탈(הִתְהַקְטַל, 전통적으로 히트하팔[Hithhaphal] 불림)이다. 재귀 어간은 대응하는 어간들에 재귀적 의미를 첨가한다.

다음은 지금까지 설명한 어간들이다.

	능동		수동		재귀	
기본 어간	qəṭal	קְטַל	qəṭīyl	קְטִיל	hitqəṭēl	הִתְקְטֵל
강화, 사역 어간	qaṭṭēl	קַטֵּל	quṭṭal*	קַטַּל	hitqaṭṭal	הִתְקַטַּל
사역 어간	haqṭēl	הַקְטֵל	ho/uqṭal	הֻ/הָקְטַל	hithaqṭal*	הִתְהַקְטַל

*성서 아람어에서는 증거되지 않는 어간임

사역 능동 어간의 접두어 ה는 א와 שׁ과 교체 가능하다. 따라서 하크텔을 대체할 수 있는 사역 어간으로 샤크텔(שַׁקְטֵל, 전통적으로는 샤펠[Shaphel]로 불림)과 아크텔(אַקְטֵל, 전통적으로는 아펠[Aphel]로 불림)이 있다. 재귀 어간들의 접두어 הִתְ도 אִתְ로 교체 가능하다.

7.2. 어간들이 인칭에 따라 활용될 때 크게 두가지 형태를 가진다. 주로 접미어를 통해 인칭 변화를 표시하는 활용(*Suffix Conjugation*)이 있는가 하면 접두어를 통해 인칭을 표시하는 활용(*Prefix Conjugation*)이 있다. 전자는 전통적으로 "완료형"으로, 후자는 "미완료형"으로 불린다. 완료형은 본래 시제와 관계없이 동작이 완료된 상태를 가리키는 것이었으나 후기로 갈수록 주로 과거 시제를 나타내는 데 사용되었다. 미완료형도 본래 시제와 관계없이 동작의 미완료를 나타내었으나 후기로 갈수록 현재나 미래 시제를 표시할 때 사용되었다. 이외에도 어간들은 분사(능동, 수동), 부정사(절대, 연계, 접미사), 명령법의 형태로 곡용된다.

후음문자를 근자음으로 가진 어근, נ을 첫 번째 자음으로 가진 어근, 두번째 근자음이 ו/י인 어근, 두번째 근자음과 세번째 근자음이 동일한 자음인 어근(이상을 "약동사"로 부름)의 경우를 제외하면, 모든 어근은 동일한 형태로 활용된다(아래의 "강동사 활용" 참조).

7.3. 강동사 활용: 크탈(페알) 능동 완료형

성.인칭	동작동사	상태동사	접미어
3 남단	קְטַל	קְרֵב	없음
3 여단	קְטְלַת	קְרֵבַת	-at
2 남단	קְטַלְתְּ (קְטַלְתָּה)	קְרֵבְתְּ (קְרֵבְתָּה)	-t (tā^h)
2 여단	קְטַלְתִּי	קְרֵבְתִּי	-tī^y
1 공단	קְטְלֵת	קְרֵבֵת	-ēt
3 남복	קְטַלוּ	קְרֵבוּ	-ū^w
3 여복	קְטַלָה	קְרֵבָה	-ā^h
2 남복	קְטַלְתּוּן	קְרֵבְתּוּן	-tū^{w}n
2 여복	קְטַלְתֵּן	קְרֵבְתֵּן	-tēn
1 공복	קְטַלְנָא	קְרֵבְנָא	-nā'

히브리어의 칼(Qal)과 마찬가지로 아람어의 크탈(페알) 어간에서도 동작 동사와 상태 동사는 형태적 차이를 보인다. 아람어의 크탈 동작 동사의 원시 형태는 *qaṭal인 반면, 크탈 상태 동사의 원시 형태는 *qaṭil이다.[1] 후자는 성서 아람어에서 qəṭil 혹은 qəṭēl로 나타난다 (4.2와 4.3 참조).

완료형은 접미어의 변화로 인칭을 표시하는데, 위의 표에 제시된 접미어들은 크탈(페알)을 포함한 모든 어간의 완료형에 적용된다. 자음으로 시작하는 접미어(-t, -tī^y, -tū^{w}n, -tēn, nā')가 첨가될 때 크탈의 어

---

[1] *qaṭul형의 상태동사가 하나 더 있는 히브리어와는 달리 아람어의 상태 동사는 *qaṭil뿐이다.

간 모음에 변화가 없다. 그러나 모음으로 시작하는 접미어(*-at, -ēt, -ūʷ, āʰ*)가 붙을 때는 음절 분화에 변화가 생기기 때문에 강세의 위치에 따라 크탈 어간 모음에 변화가 올 수 있다. 예를 들어 *qəṭal*에 3인칭 여성 단수 어미 *at*가 붙으면 강세가 /tal/에서 /lat/로 이동하고, /tal/음절이 /ta-l(at)/으로 새롭게 분화된다. 따라서 비강세 음절이 된 /ta/의 단모음 /a/는 쉐바로 축약된다(4.2. 참조). 그리고 두 개의 유성 쉐바가 연속해 나올 수 없다는 법칙에 따라[2] 첫 번째 근자음의 쉐바는 단모음 /i/로 바뀌게 된다.

*qəṭál + at ⟩ qə-ṭa-lát ⟩ qə-ṭə-lát ⟩ qiṭ-lát

한편 *qəṭal*에 장모음 *ūʷ* 혹은 *āʰ*가 접미어로 붙는 경우, 강세의 법칙(4.7 참조)에 따라 강세가 마지막 음절의 직전 음절인 /ṭa/에 오게 되며, 그 음절의 단모음 /a/도 변함없이 유지된다.

*qəṭal + ūʷ ⟩ qə-ṭá-lūʷ

퀴즈: 위의 표에서 강세가 마지막 음절에 오지 않는 형태들을 적어 보라(4.7 참조).

7.4. 강동사 활용: 크탈(페알) 능동 미완료형

성.인칭	동작 동사	상태 동사	접두어 / 접미어
3 남단	יִקְטֻל	יִקְרַב	y-/없음
3 여단	תִּקְטֻל	תִּקְרַב	t-/없음
2 남단	תִּקְטֻל	תִּקְרַב	t-/없음
2 여단	תִּקְטְלִין	תִּקְרְבִין	t-/-īʸn
1 공단	אֶקְטֻל	אֶקְרַב	'-/없음
3 남복	יִקְטְלוּן	יִקְרְבוּן	y-/-ūʷn

---

[2] 쉐바의 법칙에 따르면 ⟨자음 + ə + 자음 + ə⟩는 ⟨자음 + i + 자음⟩ 으로 변화한다.

3 여복	יִקְטְלָן	יִקְרְבָן	y-/-ān
2 남복	תִּקְטְלוּן	תִּקְרְבוּן	t-/-ū ʷn
2 여복	תִּקְטְלָן	תִּקְרְבָן	t-/-ān
1 공복	נִקְטֹל	נִקְרַב	n-/없음

위 표에 제시된 미완료형의 접두어/접미어는 모든 어간에 똑같이 적용된다.

3인칭 여성 단수를 제외하면, 3인칭의 경우 접두어는 언제나 ׳이고 2인칭의 경우는 언제나 ת이다. 1인칭 단수 공성의 경우 접두어가 언제나 א이며, 일인칭 복수인 경우 언제나 נ이다. 남성 복수는 인칭에 관계없이 /-ū ʷn/를 접미어로 취하고, 여성 복수는 인칭에 관계없이 /-ān/을 접미어로 취한다. 단수인 경우는 2인칭 여성 단수 (/-ī ʸn/)를 제외하고 접미어를 취하지 않는다. 접미어들은 모두 ן(눈 소피트)로 끝나는데 지시법(jussive)[3]의 경우 ן(눈 소피트)를 생략한다.

크탈(페알) 미완료형의 원시 형태는 동작 동사인 경우 *yaqtul이고 상태동사인 경우 *yaqtal이다. 이것이 성서 아람어에서는 각각 yiqtul과 yiqtal의 형태로 변화했다(4.4 참조). 따라서 크탈 미완료형에서 접두어의 모음은 1인칭 단수(/e/)를 제외하면 언제나 /i/이다. 미완료형의 주제 모음(theme vowel)인 두 번째 근자음의 모음은 일반적으로 동작 동사에서 /u/이며, 상태 동사에서는 /a/이지만, 제3의 모음

---

[3] 지시법은 영어의 Jussive를 옮긴 말인데, 이 Jussive는 "명하다, 지시하다"를 뜻하는 라틴어 동사 jubeo에서 나온 말이다. 사실 이 용어는 문법책마다 상이한 낱말로 옮겨지고 있는데, 여기서는 원래의 의미를 살려 "지시법"으로 지칭하였다. 참고로, 우리말의 "지시"가 Jussive의 말음을 연상시킬 수 있다는 사실도 이 명칭을 택한 이유 중의 하나임을 밝혀 둔다. 이영근 편저, 『히브리어 문법 해설』(서울: 비블리카 아카데미아, 2004), p. 182에서 인용.

인 /ē/(⟨/i/)를 취하는 경우도 있다(예: יִנְתֵּן).[4] 어미가 붙는 2인칭 여성 단수, 2, 3인칭 남녀 복수형에서 주제 모음은 모두 /ə/로 변한다(4.2 참조).

7.5. 크탈(페알) 명령형은 다음과 같이 활용한다.

성.인칭	동작 동사	상태 동사	접미어
2 남단	קְטֻל	קְרַב	없음
2 여단	קְטֻלִי	קְרַבִי	-ī[y]
2 남복	קְטֻלוּ	קְרַבוּ	-ū[w]
2 여복	קְטֻלָה	קְרַבָה	-ā[h]

크탈(페알) 명령형에서 두 번째 근자음의 모음은 크탈 미완료형의 주제 모음과 일치한다. 인칭을 표시하는 접미어는 지시법(jussive)의 접미어, 즉 해당 인칭의 미완료형 접미어에서 יִ(눈 소피트)를 생략한 형태를 사용한다.

7.6. 크탈(페알) 어간은 유일하게 부정사형에서 מ을 가진다: מִקְטַל. 마찬가지로 크탈 어간에서만 부정사의 절대형과 연계형이 동일한 형태를 띤다. 그러나 나머지 어간들의 부정사는 절대형일 때 여성 단수 절대형 어미인 /-ā[h]/를 가지며, 연계형일 때는 여성 단수 연계형 어미인 /-at/를 취한다(9.2 참조).[5]

7.7. 크탈(페알) 능동 분사의 원시 형태는 *qāṭil이며 성서 아람어

---

[4] 이 경우 크탈(페알) 미완료형의 원시형태가 *yaqtil인 경우다.

[5] 아람어 부정사의 절대형과 연계형은 히브리어에서 절대부정사와 연계부정사의 개념과 다르다. 아람어에서는 한 단어의 두개의 구문적 형태를 지칭하지만, 히브리어에서는 형태와 기능이 전혀 다른 두개의 단어를 지칭한다.

에서는 *qāṭēl*(קָטֵל)로 나타난다(4.1 과 4.3 참조). 크탈 수동 분사의 원시 형태는 **qaṭīl*이며 성서 아람어에는 *qəṭīl*(קְטִיל)의 형태로 나타난다(4.2와 4.1 참조.). 크탈 어간은 분사형에서 유일하게 מ을 접두어로 가지지 않은 어간이다. 나머지 어간들의 분사는 공통적으로 מ을 접두어로 가진다. 모든 분사는 명사와 형용사처럼 곡용한다. 다음은 크탈(페알) 능동, 수동 분사의 곡용을 나타낸 것이다.

	남단	남복	여단	여복
크탈 능동 분사	קָטֵל	קָטְלִין	קָטְלָה	קָטְלָן
크탈 수동 분사	קְטִיל	קְטִילִין	קְטִילָה	קְטִילָן

크탈(페알) 능동 분사의 첫음절은 역사적 장모음 /ā/를 포함하기 때문에 곡용시 변하지 않으며, 크탈 수동 분사의 두 번째 음절 모음도 역사적 장모음 /ī/이기 때문에 곡용시 변하지 않는다.

7.8. 아람어에서는 명사가 특별한 표시 없이 동사의 직접 목적어로 사용될 수 있다. 그러나, 직접 목적어를 표시하기 위해 다음의 두 가지 방법이 사용되기도 한다. 첫째, 전치사 לֹ가 직접 목적어를 표시할 수 있다. 둘째, 직접 목적어 표기어 יָת가 사용되기도 한다. 예를 들어 "하나님이 땅을 만드셨다."는 문장을 아람어로 다음과 같이 표기할 수 있다: עֲבַד אֱלָהּ יָת-אַרְעָא (2) עֲבַד אֱלָהּ לְאַרְעָא (1)

7.9. 다음의 독립 인칭 대명사들을 익혀라.

	단수		복수
나	אֲנָה	우리	אֲנַחְנָה
너(남자)	אַנְתְּ (אַנְתָּה)	너희들(남성)	אַנְתּוּן

너(여자)	*אַנְתִּי	너희들(여성)	*אַנְתֵּן
그	הוּא	그들	הִמּוֹ, הִמּוֹן, אִנּוּן
그녀	הִיא	그녀들	אִנִּין

*는 성서 아람어에 등장하지 않는 형태임.

　독립 인칭 대명사는 일반적으로 주어로 사용된다. 그러나 3인칭 복수 독립 인칭 대명사들은 동사의 직접 목적어로도 사용될 수 있다 (16.1 참조): קְטַל הִמּוֹן "그가 그들을 죽였다"(단 3:22). 3인칭 독립 인칭 대명사(단수, 복수)들은 주어와 서술어를 연결해 주는 연결사(copula)로도 사용된다. 심지어 주어가 1인칭이나 2인칭 독립 대명사인 경우에도 적용된다. 예를 들어 אַנְתְּ הוּא דָנִיֵּאל은 "너는 다니엘이다"로 번역될 수 있다.

7.10. 어휘

아람어	뜻	아람어	뜻
סְגַד	경의를 표하다	שְׁלֵם	완성되다, 끝나다
נְפַק	나오다	שְׁפַר	좋다, 합리적이다
קְרֵב	접근하다	סְתַר	파괴하다, 숨기다
כְּתַב	쓰다	פְּשַׁר	해석하다
סְלֵק	올라오다	רְפַס	밟다
קְטַל	죽이다	שְׁכֵן	살다
שְׁלֵט	다스리다	בְּאֵשׁ	악하다

בְּטֵל	멈추다	בְּנַס	화나다
דְּחֵל	두려워하다	דְּבֵק	달라붙다
שְׁאֵל	묻다	דְּלַק	타다

7.11. 연습문제: 이 책의 부록으로 수록된 아람어 사전을 참조하여 다음의 아람어를 우리말로 번역하라.

(1) נָפְלִין כָּל־עַמְמַיָּא סָגְדִין לְצֶלֶם

(2) כְּתַבוּ אִגְּרָה חֲדָה עַל־יְרוּשְׁלֶם

(3) יְהוּדָיֵא סְלִקוּ מִן־מִצְרַיִן לִירוּשְׁלֶם

(4) נִשְׁתְּוָנָא דִּי שְׁלַחְתּוּן

(5) נִכְתֵּב שֶׁם־גֻּבְרַיָּא דִּי בִירוּשְׁלֶם

(6) תִּשְׁלַט בְּכָל־אַרְעָא

(7) תִּשְׁמְעוּן קָל קַרְנָא

(8) יִסְגֻּד לְצֶלֶם

(9) יִשְׁכְּנָן צִפֲּרֵי שְׁמַיָּא בְּעַנְפִין

제 8 과
명사에 붙는 대명 접미사

8.1. 독립 인칭 대명사 이외에도 성서 아람어에는 명사, 전치사, 동사에 접미사로 첨가되는 대명사들이 있다. 이 대명사들을 대명 접미사라고 부르자. 독립 인칭 대명사가 문장에서 주로 주어의 역할을 감당하는 주격 대명사라면(3인칭 복수의 목적격 용법은 예외: 7.9 참조), 명사에 붙는 대명 접미사는 소유 관계를 표시하는 소유격 대명사이며, 동사에 붙는 대명 접미사는 직간접 목적어를 표시하는 목적격 대명사에 해당한다. 소유격 대명 접미사와 목적격 대명 접미사는 1인칭 공성 단수와 3인칭 복수를 제외하면 동일한 형태를 가진다.

대명 접미사	1 공단	2 남단	2 여단	3 남단	3 여단
	יֿ/נִי	ךָ	כִי	הֵ	הַ
	1 공복	2 남복	2 여복	3 남복	3 여복
	נָא	כוֹן	כֵן	הוֹן	הֵן

1인칭 공성 단수의 경우, 명사에 붙는 소유격 대명 접미사는 יִ인 반면, 동사에 붙는 목적격 대명 접미사는 נִי이다. 3인칭 복수의 목적격 대명 접미사의 역할은 3인칭 복수 독립 인칭 대명사인 הִמּוֹ와 הִמּוֹן, 그리고 אִנּוּן과 אִנִּין이 대신한다. 전치사에 붙는 대명 접미사는 명사에 붙는 소유격 대명 접미사와 동일하다 (예: 전치사에 1인칭 대명 접미사가 붙을 때 목적격 대명사인 נִי가 아니라 소유격 대명사인 יִ가 붙는다.).

8.2. 단수 명사에 붙는 대명 접미사

남단	뜻	접미사	여단	뜻	접미사
יוֹמִי	나의 날	-ī ^{y}	חַיָּוָתִי	내 동물	-ətī ^{y}
יוֹמְךָ	너(남)의 날	-āk	חַיָּוָתְךָ	너(남)의 동물	-ətāk
יוֹמֵךְ	너(여)의 날	-ēkī ^{y}	חַיָּוָתֵךְ	너(여)의 동물	-ətēkī ^{y}
יוֹמֶה	그의 날	-ēh	חַיָּוָתֶה	그의 동물	-ətēh
יוֹמַה	그녀의 날	-ah	חַיָּוָתַה	그녀의 동물	-ətah
יוֹמֵנָא	우리의 날	-anā'	חַיָּוָתֵנָא	우리들의 동물	-ətanā'
יוֹמְכוֹן/כֶם	너희들(남)의 날	kō ^{w}n/ -kōm	חַיָּוַתְכוֹן/כֶם	너희들(남)의 동물	kō ^{w}n/ -atkōm
יוֹמְכֶן	너희들(여)의 날	-kēn	חַיָּוַתְכֶן	너희들(여)의 동물	-atkēn
יוֹמְהוֹן/הֶם	그들의 날	hō ^{w}n/ -hōm	חַיָּוַתְהוֹן/הֶם	그들의 동물	hō ^{w}n/ -athōm
יוֹמְהֶן	그녀들의 날	-hēn	חַיָּוַתְהֶן	그녀들의 동물	-athēn

(1) 대명 접미사는 명사의 연계형에 붙는다. 남성 단수 명사는 절대형과 연계형의 형태가 동일하기 때문에 יוֹם에 대명접미사를 붙여준다. 반면에 여성 단수 명사는 절대형은 /-ā ^{h}/로 끝나는 반면 연계형은 /at/로 끝닌다. 대명 집미사는 연계형에 붙기 때문에 여성 단수 명사에 붙는 접미사는 /at/ + 대명 접미사의 형태가 된다. 이 때 모음으로 시작하는 대명 접미사(단수의 모든

인칭, 1인칭 복수)와 결합하는 경우, 연계형 어미의 모음 /a/가 /ə/로 축소된다. 한편 자음으로 시작하는 대명접미사(2, 3인칭 복수)의 경우 연계형 어미에 변화가 없다. 2, 3인칭 남성 복수에서 /-ōʷn/으로 끝나는 형태가 문법적으로 보다 올바른 케레(qere)이며, /-ōm/으로 끝나는 형태들은 크티브(ketib)이다.

(2) 남성 단수 명사에 붙는 대명 접미사는 비분리 전치사(בְּ, כְּ, לְ)와 활용시 마지막 자음이 중복되는 전치사인 מִן이나 עִם에도 적용된다(참조: מִנִּי, מִנָּךְ, מִנֵּהּ, מִנְּהוֹן).

8.3. 복수 명사에 붙는 대명 접미사

남복	뜻	접미사	여복	뜻	접미사
יוֹמַי	나의 날들	-ay	חֵיוָתִי	나의 동물들	-ātîʸ
יוֹמַיִךְ/מָיִךְ	너(남)의 날들	-ayik/āyk	חֵיוָתָךְ	너(남)의 동물들	-ātāk
יוֹמוֹהִי	그의 날들	-ōʷhîʸ	חֵיוָתֵהּ	그의 동물들	-ātēh
יוֹמַיַּהּ/מַיַּה	그녀의 날들	-ayyah/ayh	חֵיוָתַהּ	그녀의 동물들	-ātah
יוֹמַיְנָא/מַיְנָא	우리의 날들	-ayənāʾ/aynāʾ	חֵיוָתַנָא	우리들의 동물들	-ātanāʾ
יוֹמֵיכוֹן/כֹם	너희들(남)의 날들	-ēʸkōʷn/kōm	חֵיוָתְכוֹן/כֹם	너희들(남)의 동물들	-ātkōʷn/kōm
יוֹמֵיכֶן	너희들(여)의 날들	-ēʸkēn	*חֵיוָתְכֶן	너희들(여)의 동물들	-ātkēn
יוֹמֵיהוֹן/הֹם	그들의 날들	-ēʸhōʷn/hōm	חֵיוָתְהוֹן/הֹם	그들의 동물들	-āthōʷn/hōm
יוֹמֵיהֶן	그녀들의 날들	-ēʸhēn	*חֵיוָתְהֶן	그녀들의 동물들	-āthēn

(1) 원칙적으로 복수명사의 연계형($-ay/\bar{e}^y$ 혹은 $\bar{a}t$)에[1] 대명접미사가 붙는다. 남성 복수 명사에 대명 접미사가 붙는 경우, 3인칭 남성 단수를 제외한 모든 단수 접미사들과 1인칭 복수 접미사는 /ay/로 끝나는 복수 어간에 접미사들을 첨가한다. 3인칭 남성 단수의 경우 예외적으로 /$-ay$/대신 /$-aw$/로 끝나는 어간에 붙는다($^*-awh$ > $-\bar{o}^wh\bar{i}^y$). 2, 3인칭 복수 접미사들은 모두 자체 강세를 가지기 때문에 어간의 /$-ay$/가 /$-\bar{e}^y$/로 축약된다. "/" 뒤의 형태는 문법적으로 문제 있는 형태인 크티브를 표현한 것이다.

(2) 여성 복수 명사에 붙는 대명 접미사는 여성 복수 연계형 어미 /$\bar{a}t$/에 첨가된다. 연계형 어미의 모음이 역사적 장모음이기 때문에 접미어가 첨가되어도 변하지 않는다.

(3) 복수 명사에 붙는 대명 접미사를 취하는 전치사는 다음과 같다: אַחֲרֵי, קֳדָם, עַל, תְּחוֹת.

8.4. 대명 접미사는 소유격적 용법 이외에도 다음과 같은 용법을 가진다.

(1) 회귀적 용법: דִּי가 이끄는 관계사절에서 선행사를 회귀적으로 지칭할 때 대명 접미사가 사용된다:

예) לֶאֱלָהּ יִשְׂרָאֵל דִּי בִירוּשְׁלֶם מִשְׁכְּנֵהּ 그의 거처가 예루살렘에 계신 이스라엘의 하나님에게. מִשְׁכְּנֵהּ에 붙은 3인칭 남성 접미사(הּ)는 관계사 דִּי의 선행사인 אֱלָהּ יִשְׂרָאֵל을 회귀적으로 지칭한다.

(2) 선취적 용법: 회귀적 용법은 히브리어에서도 나타나는 용법이나 선취적 용법은 아람어에 독특한 것이다. 접미 대명사가 후속하는 관계사 דִּי가 이끄는 명사를 미리 지칭한다.

---

[1] 남성 복수 연계형은 쌍수 어미 /ay/ 를 사용하나 연계형이 자체 강세를 가지지 않으므로 그 이중모음이 /$\bar{e}^y$/로 축약된 것이다.

예) אֲנַחְנָא הִמּוֹ עַבְדוֹהִי דִי-אֱלָהּ שְׁמַיָּא 우리는 하늘 하나님의 종들이다. עַבְדוֹהִי의 대명 접미사(וֹהִי)는 후행하는 אֱלָהּ שְׁמַיָּא를 지칭한다.

(3) 강조적 용법: 대명 접미사가 후행하는 명사를 미리 지칭함으로써 그 명사를 강조하는 효과를 낸다. 예) בֵּהּ בְּדָנִיֵּאל 바로 그 다니엘에, בֵּהּ עִדָּן 바로 그 때에

8.5. 어휘

아람어	뜻	아람어	뜻
דִּין	판단, 판결	שָׁעָה	시간
חַרְטֹם	마법사	תַּקִּיף	강한, 힘 센
טַל	이슬	אֲלַף	천
יַצִּיב	확실한	אַמָּה	규빗
לֵילְיָא	밤	גָּלוּ	유배
סְגַן	장관	דָּר	세대
סוֹף	끝	הַדָּבַר	조언자, 장관
סְפַר	책	זְמָר	노래
סָרַךְ	감독자, 고관	זַן	종류
עַיִן	눈	חֲנֻכָּה	헌당
עֲשַׂר	열	מְדוֹר	거처
רְבוּ	많음	מַנְדַּע	지식
רוּם	높이, 교만	מָרֵא	주인
שָׂב	장로	מַשְׁרוֹקִי	파이프 악기

8.6. 연습문제: 이 책의 부록에 수록된 아람어 사전을 활용하여 다음의 아람어를 우리말로 번역하라.

(1) אֲנַחְנָא פָלְחִין אֱלָהַנָא

(2) אֲנָה נְבוּכַדְנֶצַּר שְׁלֵה בְּהֵיכְלִי

(3) שְׁלָמְכוֹן יִשְׂגֵּא

(4) שָׁרְשׁוֹהִי דִּי אִילָנָא

(5) תִּלְבַּשׁ הַמְנִיכָא דִי דַהֲבָא עַל־צַוְּארָךְ

(6) אֲזַלוּ כְּנָוָתְהוֹן בִּבְהִילוּ לִירוּשְׁלֶם

(7) נִכְתֻּב שְׁם־גֻּבְרַיָּא דִי בְרָאשֵׁיהֶם

(8) דָּנִיֵּאל וְחַבְרוֹהִי עִם־שְׁאָר חַכִּימֵי בָבֶל

(9) נְבוּכַדְנֶצַּר נְפַל עַל־אַנְפּוֹהִי

(10) שְׁבֻקוּ עִקַּר שָׁרְשׁוֹהִי בְּאַרְעָא

제9과
강동사 활용: 캇텔(파엘)과 하크텔(하펠)

9.1. 캇텔(파엘)의 완료형과 미완료형 활용

인칭	완료형	접미어	미완료형	접두어 / 접미어
3 남단	קַטֵּל	없음	יְקַטֵּל	y-/없음
3 여단	קַטְּלַת	-at	תְּקַטֵּל	t-/없음
2 남단	קַטֵּלְתְּ	-t	תְּקַטֵּל	t-/없음
2 여단	קַטֵּלְתִּי	-tī ^{y}	תְּקַטְּלִין	t-/-ī ^{y}n*
1 공단	קַטְּלֵת	-ēt	אֲקַטֵּל	’-/없음
3 남복	קַטִּלוּ	-ū ^{w}	יְקַטְּלוּן	y-/-ū ^{w}n
3 여복	קַטִּלָה	-ā ^{h}	יְקַטְּלָן	y-/-ān
2 남복	קַטֵּלְתּוּן	-tū ^{w}n	תְּקַטְּלוּן	t-/-ū ^{w}n
2 여복	קַטֵּלְתֵּן	-tēn	תְּקַטְּלָן	t-/-ān
1 공복	קַטֵּלְנָא	-nā’	נְקַטֵּל	n-/없음

캇텔(파엘) 완료형의 원시 형태는 *qaṭṭil이었다. 성서 아람어에서는 이것이 qaṭṭēl이 된다(4.3 참조). 캇텔(qaṭṭēl)이라는 이름에서 암시되듯이 두번째 근자음이 중복되는 것이 이 어근의 특징이다. 캇텔 완료형 활용에서 접미어가 자음으로 시작하는 경우는 두번째 근자음의 모음이 변함없이 /ē/이지만, 접미어가 모음으로 시작하는 경우

는 음절 분할에 변화가 일어나기 때문에, 강세의 유무에 따라 두 번째 근자음이 /ə/로 축소되거나(קַטְּלַת, קַטְלַת) 원시 모음 /i/으로 돌아간다(קַטְלָה, קַטְּלוּ).

캇텔(파엘) 미완료형의 원시 형태는 *yaqaṭṭil이었다. 이것이 성서 아람어에서는 yəqaṭṭēl이 된다(4.2와 4.3 참조).

> 퀴즈 : 캇텔 완료형에서 강세가 마지막 음절에 오지 않는 형태는 무엇인가? (힌트: 아람어 악센트 규칙을 참조하라.)

9.2. 캇텔(파엘) 명령법, 부정사, 분사.

캇텔(파엘) 명령법은 미완료형 어간(qaṭṭēl)에 (미완료형 어미에 וֹ을 생략한 형태인) 지시법(jussive) 어미를 첨가한다.

남단(–없음)	여단(–ī^y)	남복(–ū^w)	여복(–ā^h)
קַטֵּל	קַטְּלִי	קַטְּלוּ	קַטְּלָה

남성 단수형을 제외한 모든 명령형은 장모음으로 끝나기 때문에 강세가 마지막에서 두번째 음절에 온다(4.7 참조).

크탈(페알) 부정사를 제외한 모든 부정사는 접두어 מ을 취하지 않으며, 여성형 어미로 끝난다. 이때 두번째 근자음과 세번째 근자음에 역사적 장모음 /ā/가 온다(이 모음은 활용시 변하지 않음). 따라서 크탈 부정사를 제외한 모든 어간의 부정사는 절대형의 경우 한결같이 -ṭālāh(טָלָה–)로, 연계형의 경우 –ṭālat (טָלַת), 그리고 대명 접미사가 붙을 경우는 –ṭālū^{w}t (טָלוּת)으로 끝난다.

	절대형(–ṭālāh)	연계형(–ṭālat)	접미사형(–ṭālū^{w}t)
캇텔(파엘) 부정형	קַטְלָה	קַטְלַת	קַטְלוּת

크탈 분사를 제외한 모든 어간의 분사는 מ을 접두어로 가진다. 분

사는 미완료형의 어간(접두어+*qaṭṭil*+접미어)을 기준으로 형성되며, 명사와 형용사처럼 곡용한다. 다음은 캇텔(파엘) 분사의 곡용을 보여준다. 캇텔의 남성 단수 수동 분사를 제외한 수동 분사들은 능동 분사와 형태가 동일하기 때문에 그 의미를 문맥을 통해 구별해야 한다. 능동 분사는 두번째 근자음 다음에 /ē/를 선호하는 반면 수동 분사는 /a/를 선호한다.

	남단 (*m−*/없음)	여단 (*m−*/−*ā*ʰ)	남복 (*m−*/−*ī*ʸ*n*)	여복 (*m−*/−*ān*)
캇텔능동분사	מְקַטֵּל	מְקַטְּלָה	מְקַטְּלִין	מְקַטְּלָן
캇텔수동분사	מְקַטַּל	מְקַטְּלָה	מְקַטְּלִין	מְקַטְּלָן

9.3. 하크텔(하펠)의 완료형과 미완료형 활용

하크텔(하펠)의 완료형의 원시 형태는 *haqtil*이다. 성서 아람어에서는 *haqṭēl*이 된다(4.3 참조). 따라서 두 번째 근자음에 있는 /ē/가 본래는 단모음 /i/였음을 알 수 있다. 첫 번째 음절은 폐음절이므로 활용 내내 변화가 없으며, 두번째 음절 모음인 /ē/만이 접미사가 만들어내는 음운 환경에 의해 /ə/로 축약되거나, 원시 모음 /i/로 복귀하거나, /ē/를 유지한다.

하크텔 미완료형의 원시 형태는 *yahaqtil*이다. 성서 아람어에서는 *yəhaqṭēl*이 된다(4.2와 4.3을 참조). 완료형과 마찬가지로 어미가 첨가될 때 두 번째 근자음에 붙은 모음만이 변화하는데, 이 경우 모두 /ə/로 축약된다.

이상의 사실들을 염두에 두고 다음의 하크텔 완료형과 미완료형을 채워 넣으라 (정답은 이 책의 마지막에 수록된 패러다임을 통해 확인하라).

인칭	완료형	접미어	미완료형	접두어 / 접미어
3 남단	הֻקְטַל	없음	יֻהֻקְטַל	y-/없음
3 여단		-at		t-/없음
2 남단	הֻקְטַלְתָּ	-t		t-/없음
2 여단		-tī ^{y}		t-/-īyn*
1 공단		-ēt		'-/없음
3 남복	הֻקְטְלוּ	-ū ^{w}	יֻהֻקְטְלוּן	y-/-ū ^{w}n
3 여복		-ā ^{h}		y-/-ān
2 남복	הֻקְטַלְתּוּן	-tū ^{w}n		t-/-ū ^{w}n
2 여복		-tēn		t-/-ān
1 공복		-nā'		n-/없음

9.4. 하크텔(하펠)의 명령법, 부정사, 분사.

하크텔의 명령법도 미완료형 어간(*haqtēl*)에 지시법 어미가 붙어 만들어진다. 장모음 어미가 붙으면 강세가 마지막에서 두번째 음절로 이동하고, 그 때 두 번째 근자음 아래의 모음 /*ē*/가 원시 모음 /*i*/로 돌아간다. 이것을 염두에 두고 하크텔 명령형을 완성하여라.

남단(-없음)	여단(-*ī* ^{y})	남복(-*ū* ^{w})	여복(-*ā* ^{h})
הֻקְטֵל		הֻקְטִלוּ	

다음은 하크텔(하펠) 부정형이다.

	절대형(-ṭālāh)	연계형(-ṭālat)	접미사형(-ṭālūwt)
하크텔 부정형	הַקְטָלָה	הַקְטָלַת	הַקְטָלוּת

하크텔 분사형도 〈접두어 מ + 미완료형 어간 + 어미〉로 구성된다: מְהַקְטֵל. 남성 단수형에서만 능동 분사와 수동 분사가 다르며, 어미가 붙는 나머지 형태에서는 남성 분사와 여성 분사 사이에 형태적 차이가 없으므로, 문맥을 통해서만 그 의미를 파악할 수 있다. 다음의 하크텔 분사형을 완성하여라.

	남단(m-/없음)	여단(m-/-āh)	남복(m-/-īʸn)	여복(m-/-ān)
하크텔 능동 분사	מְהַקְטֵל		מְהַקְטְלִין	
하크텔 수동 분사	מְהַקְטַל			

9.5. 다른 사역형 어간인 샤크텔(샤펠)의 완료형과 미완료형, 명령형, 분사, 부정사는 하크텔의 활용형에서 ה를 שׁ으로 대체하면 된다.

9.6. 또 하나의 사역형 어간인 아크텔(아펠)의 경우도 완료형, 명령법, 부정사에서 하크텔의 ה를 א로 대체하면 된다. 그러나 א가 단어 가운데 쓰이면 묵음(quiescence)되는 현상 때문에 아크텔(아펠)의 미완료형과 분사는 하크텔(하펠)의 그것과 다른 형태를 가진다. 하크텔 미완료형인 יְהַקְטֵל이 아크텔에서는 יְקֵטֵל로 바뀐다. 이것은 *יְאַקְטֵל에서 א가 묵음되면서 결과된 것이다. 마찬가지로 아크텔의 남성 단수 분사형도 מְהַקְטֵל이 아닌 מַקְטֵל이다.

9.7. 분사의 용법: 성서 히브리어와 비교했을 때, 아람어의 큰 특

징 중 하나는 분사의 동사적 용법이다. 고전 히브리어를 포함한 셈어에서 분사의 본래 용법은 철저하게 명사적/형용사적이었다. 고대 바빌로니아어에서 분사는 철저히 "~하는 (사람)"으로 번역된다. 그러나 아람어에서는 분사의 동사적 성격이 크게 부각된다. 아람어 분사의 동사적 용법들 중 대표적인 것은 다음과 같다.

(1) 아람어 분사는 자주 습관적, 지속적 행위를 나타내는 데 사용된다. 특히 〈הֲוָה + 분사〉의 구문은 습관이나 동작의 계속, 상태의 지속을 표현하는 데 자주 사용된다. : כָּל קֳבֵל דִּי הֲוָא עָבֵד מִן קַדְמַת דְּנָה 그가 전부터 했던 바대로(단 6:11).

(2) 아람어 분사는 주절의 동사와 동시적 상황을 표현한다. 따라서 주절의 동사가 과거이면 과거로 해석되어야 한다: ... עֲנוֹ וְאָמְרִין 그들이 대답했고...말했다...(단 2:7)

(3) 아람어 분사는 내러티브 시제로 사용되기도 한다. 즉 이야기를 이루는 일련의 행위들을 서술할 때 분사가 사용된다. 이 때 보통 과거 시제로 해석한다. בֵּאדַיִן מִתְכַּנְּשִׁין...וְקָיְמִין...וְכָרוֹזָא קָרֵא 그 후 그들이 모여...섰을 때, 전령이 말했다(단 3:3).

9.8. 어휘

아람어	뜻	아람어	뜻
בהל	놀래다	סעד	지지하다
שֵׁיזֵב	구원하다	פרק	찢어내다
חבל	파괴하다	פרשׁ	분리하다
כפת	묶다	קצף	화나다
נדב	자원해 드리다	שׂכל	생각하다, 숙고하다
שפל	낮다, 낮추다	שׁבשׁ	딩횡하다
טעם	먹이다	שׁדר	~하려 애쓰다
קבל	받다	שֵׁיצִיא	끝내다

9.9. 연습문제: 이 책의 부록으로 수록된 아람어 사전을 참조하여
다음의 아람어를 우리말로 번역하라.

(1) וּבַטִּלוּ הִמּוֹ בְּאֶדְרָע וְחָיִל

(2) וֶאלָהָא דִּי שַׁכֵּן שְׁמֵהּ תַּמָּה יְמַגַּר כָּל־מֶלֶךְ

(3) דָּנִיֵּאל בָּרִךְ לֶאֱלָהּ שְׁמַיָּא

(4) קַטִּל אַתּוּנָא הִמּוֹן שְׁבִיבָא דִּי נוּרָא

(5) יְקַבְּלוּן מַלְכוּתָא קַדִּישֵׁי עֶלְיוֹנִין

(6) הֲוָה מְהַלֵּךְ עַל־הֵיכַל מַלְכוּתָא דִּי בָבֶל

(7) נְפַק רַב־טַבָּחַיָּא דִּי מַלְכָּא לְהַכִּמֵי בָבֶל

(8) הַרְגִּזוּ אֲבָהֲתַנָא לֶאֱלָהּ שְׁמַיָּא

(9) הַנְפֵּק כּוֹרֶשׁ מַלְכָּא מָאנַיָּא דִּי־בֵית־אֱלָהָא מִן־הֵיכְלָא דִּי בָבֶל

(10) הַשְׁלֵם מָאנַיָּא דִּי בְבָבֶל קֳדָם אֱלָהּ יְרוּשְׁלֶם

제10과
지시 대명사, 의문 대명사,
접속사, 전치사, 불변화사

10.1. 지시 대명사에는 근거리를 지시하는 것("이것")과 원거리를 지시하는 것("저것")이 있다. 단수형에서 이 둘 모두는 ד으로 시작한다.[1] 근거리 지시 대명사의 남성 단수형의 경우 ד에 נ과 모음문자 (ה 혹은 א)가 붙은 형태이며, 여성 단수형의 경우 ד에 א가 붙은 형태를 가진다. 단수 원거리 지시 대명사의 경우 남녀 할 것 없이 ד에 ך가 첨가되어 형성된다. 복수 지시 대명사는 근거리 원거리 할 것 없이 모두 אל로 시작하며, 남성과 여성의 구별이 없다. 원거리 복수 지시 대명사의 경우 단수와 마찬가지로 ך를 가진다. 다음의 지시 대명사들을 공부하라

	남단	여단	공복
근거리	דְּנָה; דְּנָא	דָּא	אֵלֶּה; אֵל; אִלֵּין
원거리	דֵּךְ; דִּכֵּן	דָּךְ; דִּכֵּן	אִלֵּךְ

단수 원거리 지시 대명사 דִּכֵּן은 남녀 모두에게 사용될 수 있다. 또한 독립 인칭 대명사 중 3인칭 단수 הוּא와 3인칭 복수 אִנּוּן은 원거리 지시 대명사로 사용되기도 한다: הוּא צַלְמָא 그 신상(단 2:32) מַלְכַיָּה אִנּוּן 그 왕들(단 2:44).

---

[1] 고대 아람어에서는 지시 대명사가 ז로 시작했음을 고려할 때, 그 자음의 원시 형태는 /ḏ/이었음을 알 수 있다.

지시 대명사는 명사와 형용사로 사용될 수 있다. 명사적 용법인 경우 문장의 주어나 전치사의 목적어로 사용되는 경우가 많으나, 연계 구문의 일부로 쓰인 경우도 있다(מִן־קַדְמַת דְּנָה 이전부터 단 6:11). 형용사의 경우 일반적으로 수식하는 명사에 후행하지만, 선행하는 경우도 발견된다(דְּנָה חֶלְמָא 이 꿈 단 4:15).

10.2. 성서 아람어에는 두 개의 단순 의문 대명사가 있다: מַן 누구? מָה 무엇? 이 외에도 이 둘이 전치사와 결합되어 복합 의문 대명사를 이루기도 한다: לְמָה 왜? כְּמָה 얼마나? (כְּמָה רַבְרְבִין 얼마나 위대한가? 단 4:3)

10.3. 관계사 דִי는 인칭에 따라 변하지 않는 불변화사이다. 이것이 고대 아람어에서는 זִי로 표기되었다. 관계사 דִי는 다음의 다섯가지 기능을 가진다. 첫째, 두 개의 명사 사이에 연계구문적 관계를 나타낸다(6.1 참조). 둘째, 선행사를 수식하는 형용사절을 이끈다. 이때 דִי는 인칭에 따라 활용되지 않으므로 형용사절 안의 적절한 요소에 대명접미사가 첨가됨으로써 수식관계가 분명해 진다(8.4 참조). 셋째, "알다," "말하다, 명령하다," "깨닫다," "듣다" 등의 동사의 목적어절이나 그외의 명사절을 이끈다: מִן קְשֹׁט דִי ~은 사실이다(스 5:17). 넷째, 목적절이나 결과절을 이끈다. דִי נִכְתֻּב שֻׁם־גֻּבְרַיָּא 그 사람들의 이름을 적기 위해서...(스 5:10). 다섯째, 직접 인용절이나 간접 인용절을 이끈다: וְכֵן אֲמַר־לֵהּ דִי 그가 그에게 다음과 같이 말했다....(단 2:25).

관계사 דִי는 다른 요소들과 더불어 복합어를 이룬다. 예를 들어, 의문대명사와 결합하면 다음과 같이 된다: מַן דִי 누구나(whoever), מָה דִי 무엇이나(whatever), אֲתַר דִי 는 ~하는 곳에(where)라는 부사적 의미를 가진다. 그외에 중요한 복합어는 다음과 같다.

복합어	뜻	복합어	뜻
כְּדִי	~할 때, ~때 문에	מִן דִּי	~후에, 하자 마자
כָּל קֳבֵל דִּי	~때문에, 불구하고	הֵי כְדִי	~처럼, 같이
עַד דִּי	~할 때까지	עַל/עַד דִּבְרַת דִּי	~하기 위하여

10.4. 접속사에는 대등접속사와 종속접속사가 있다. 대등 접속사 중 가장 많이 쓰이는 것이 וֹ 그리고, 그러나이다. 이것은 후속하는 요소와 결합한 형태로 나타난다. 이외의 대등접속사로는 אוֹ 또는, אַף 또한, בְּרַם 그러나, לָהֵן 그러므로, 그러나, ~을 제외하고 אֱדַיִן בֵּאדַיִן; 그 다음에 등이 있다.

종속접속사 중 상당수는 관계사 דִּי와 복합 접속사를 이루어 사용된다: כְּדִי ~할 때; מִן דִּי ~후에, 하자마자; עַד דִּי ~할 때까지 등 (10.3 참조). 그 외의 종속 접속사로는 דִּי לְמָה, לְמָה ~하지 않도록 (lest); אֶלָּה ~을 제외하고, 그러나; בְּדִיל דִּי ~때문에, ~하기 위하여; אֵן, הֵן 만약에 ~라면.

10.5. 아람어 전치사는 다음의 세가지로 분류할 수 있다.

(1) 비분리 전치사: בְּ ~안에, לְ ~로, ~을 위해, כ ~처럼, 같이. 비분리 전치사들은 후행하는 명사에 붙어 사용된다. מִן(~로부터)도 비분리 전치사로 사용될 수 있다.

(2) 비강세 분리 전치사: 이 전치사들은 후속하는 명사와 독립하여 존재하지만, 강세를 가지지 않아 후속하는 명사에 강세를 의존하는 전치사들이다. 여기에 속하는 전치사들로는 עַל ~위에, עִם ~와 함께, עַד ~까지, מִן ~로부터 등이 있다. 직접 목적어를 표시하는 יָת도 여기에 속한다. לְוָת은 ~의 집에(붙어

chez)라는 의미로 תֵר로 + לְ로부터 유래한다.

(3) 강세 분리 전치사: 이 전치사들은 후속하는 명사와 독립해 존재할 뿐 아니라 자체 강세를 가진다: קֳדָם ~의 앞에; קֳבֵל ~앞에; נֶגֶד ~의 맞은편에; אַחֲרֵי ~후에 등이 있다.

10.6. 불변화사들.

(1) 존재를 표시하는 불변화사: אִיתַי ~가 있다, ~이다; אִית ~가 있다, ~이다. 존재를 부정할 때는 부정어 לָא를 첨가하여 לָא אִיתַי를 사용한다. 후기 아람어에서는 이것의 축약된 형태인 לֵאִית도 증거된다. 다음의 예를 보라. אִיתַי גֻּבְרִין יְהוּדָאִין 유대 사람들이 있다. לָא אִיתַי גְּבַר יְהוּדִי 유대인이 없다. אִיתַי가 존재의 의미가 아닌 ~이다의 의미(copula)로 쓰일 때에는 복수 명사에 붙는 대명접미사가 붙기도 한다: מְדֹרְהוֹן עִם בִּשְׂרָא לָא אִיתוֹהִי 그들의 주거는 육체와 함께 있지 않다(단 2:11). אִיתַי가 ~이다의 의미로 쓰일 때는 강조의 의미가 있다.

(2) 부정의 의미를 표시하는 불변화사: 동사 뿐 아니라, 절이나 구 전체를 부정할 때 לָא가 많이 사용된다. 부정 명령형에서는 אַל이 2인칭 지시법(jussive)과 함께 쓰인다. 그외에 דִי לָא는 ~없이(without)의 의미로 사용되며, לְמָה ~하지 않도록에도 부정의 의미가 들어있다.

(3) 감탄을 나타내는 불변화사: הָא 보라!, אֲרוּ; אֲלוּ 보라!

(4) 시간과 공간, 방식을 표현하는 불변화사: אֱדַיִן/בֵּאדַיִן 그 때, 그 다음에; כְּעַן/כְּעֶנֶת/כְּעֶת 이제, 지금; כָּה 여기에; תַּמָּה 그곳에; כְּנֵמָא/כֵּן/כִּדְנָה 이렇게, 그렇게

(5) 의문을 나타내는 불변화사: 문장의 맨처음에 ה가 붙어 의문문을 표시한다. 부정어와 함께 הֲלָא의 형태로 자주 쓰인다. 문장의 첫자음이 /ə/를 가지거나, 후음문자인 경우 הַ로 표기되나 나머지 경우에는 הֲ로 표기된다.

10.7. 어휘

아람어	뜻	아람어	뜻
נְבִיא	선지자	אִגְּרָה	편지
עֶלְיוֹן	지존자	אִמַּר	양
עֲנַף	나뭇가지	אֱסוּר	구속, 투옥
פְּסַנְתֵּרִין	현악기	אֶצְבַּע	손가락
צִפַּר	새	אַרְגְּוָן	자주색
קִיתָרֹס	아쟁	אֹשׁ	기초
רְחוּם	자비	אָת	기호
שַׂבְּכָא	트리곤(악기)	בְּלוֹ	조공
שְׁלוּ	유기, 편안함	בְּעֵל	주인, 남편
שְׁלָם	평안, 평강	בְּשַׂר	육체
אֵב	열매	גְּנַז	보물
גַּף	몸	דְּכַר	숫양
הֲלָךְ	통행세	הֲדַר	영광
הַמְנִיךְ	목걸이	חֲבָל	상처
חֲלָק	몫, 소유	חֲבַר	친구

10.8. 연습문제: 이 책의 부록에 수록된 아람어 사전을 활용하여
다음의 아람어를 우리말로 번역라.

(1) וַאֲלוּ צְלֵם חַד שַׂגִּיא צַלְמָא דִכֵּן רַב וְזִיוֵהּ יַתִּיר

(2) לְמָה יִשְׂגֵּא חֲבָלָא לְהַנְזָקַת מַלְכִין

(3) אָתוֹהִי כְּמָה רַבְרְבִין וְתִמְהוֹהִי כְּמָה תַקִּיפִין

(4)   וְעִם־חֵיוַת בָּרָא חֲלָקֵהּ עַד דִּי־שִׁבְעָה עִדָּנִין יַחְלְפוּן עֲלֹוהִי

(5)   סְלִקוּ יְהוּדָיֵא מִן־לְוָתָךְ עֲלֶינָא

(6)   הֲלָא דָא־הִיא בָּבֶל רַבְּתָא

(7)   כְּעַן כָּל־קֳבֵל דִּי־מְלַח הֵיכְלָא מְלַחְנָא וְעַרְוַת מַלְכָּא לָא אֲרִיךְ לַמֶחֱזֵא

עַל־דְּנָה שְׁלַחְנָא לְמַלְכָּא

(8)   כְּתַבוּ אִגְּרָה חֲדָה עַל־יְרוּשְׁלֶם לְאַרְתַּחְשַׁשְׂתְּא מַלְכָּא כְּנֵמָא

(9)   אִיתַי גְּבַר בְּמַלְכוּתָךְ דִּי רוּחַ אֱלָהִין קַדִּישִׁין בֵּהּ

(10)   מִן־קְשֹׁט דִּי אֱלָהֲכוֹן הוּא אֱלָהּ אֱלָהִין

제11과
강동사 활용: 수동 어간들과 재귀 어간들

11.1. 수동 어간 크틸(페일)과 호/후크탈(호/후팔): 완료형

아람어의 수동 어간은 크틸, 쿳탈(푸알), 호/후크탈 세 개가 있지만, 성서 아람어에서는 크틸과 호/후크탈의 완료형만 사용되었다. 크틸(페일)은 크탈(페알)의 수동형이며, 호크탈(호팔)은 하크텔(하펠)의 수동형이다. 수동 어간의 완료형 활용은 능동 어간의 그것과 동일하다.

성, 인칭	크틸	호/후크탈	접미어
3 남단	קְטִיל	(הֻ)הָקְטַל	없음
3 여단	קְטִילַת	הֻקְטְלַת	-at
2 남단	קְטִילְתְּ	הֻקְטַלְתְּ	-t (tā^h)
2 여단	קְטִילְתִּי	הֻקְטַלְתִּי	-tī^y
1 공단	קְטִילֵת	הֻקְטְלֵת	-ēt
3 남복	קְטִילוּ	הֻקְטְלוּ	-ū^w
3 여복	קְטִילָה	הֻקְטְלָה	-ā^h
2 남복	קְטִילְתּוּן	הֻקְטַלְתּוּן	-tū^wn
2 여복	קְטִילְתֵּן	הֻקְטַלְתֵּן	-tēn
1 공복	קְטִילְנָא	הֻקְטַלְנָא	-nā'

11.2. 재귀어간들: 기본형인 크탈(페알)에 대응하는 재귀 어간은 히트크텔(히트페엘)이며, 캇텔(파엘)에 대응하는 재귀 어간은 히트 캇탈(히트파알)이며, 하크텔(하펠)에 대응하는 재귀어간은 히트하크 탈이다. 히트하크탈은 성서 아람어에 등장하지 않지만, 또 다른 사역 어간인 샤크텔(샤팔)의 재귀 어간인 히슈타크탈(히쉬타팔)이 성서 아람어에 등장한다. 재귀 어간들은 재귀나 수동의 의미를 가진다.

재귀어간과 관련해 중요한 음운 법칙은 **ת**가 치찰음(**ס**, **שׁ**, **צ**, **ז**)과 만나면 자위전환(metathesis)이 일어난다는 것이다. 즉, /**התס**/는 /**הסת**/로, /**התשׁ**/은 /**השׁת**/로 변한다. **צ**와 **ז**의 경우, 자위전환이 일어날 뿐만 아니라 **ת**가 **צ**와 만나면 **ט**로, **ז**과 만나면 **ד**으로 변한다: 즉, /**התצ**/는 /**הצט**/로, /**התז**/는 /**הזד**/로 변한다. 따라서 샤크텔의 재귀형은 언제나 히슈타크탈(**השׁתקטל**)이다.

다음은 재귀 어간들의 중요 활용형이다.

	히트크텔	히트캇탈	히슈타크탈
완료형	הִתְקְטֵל	הִתְקַטַּל	הִשְׁתַּקְטַל
미완료형	יִתְקְטֵל	יִתְקַטַּל	יִשְׁתַּקְטַל
명령법	הִתְקְטֵל	הִתְקַטַּל	הִשְׁתַּקְטַל
부정사	הִתְקְטָלָה	הִתְקַטָּלָה	הִשְׁתַּקְטָלָה
분사	מִתְקְטֵל	מִתְקַטַּל	מִשְׁתַּקְטַל

11.3. 히트크텔(히트페엘) 활용: 완료형과 미완료형

인칭	완료형	접미어	미완료형	접두어/접미어
3 남단	הִתְקַטֵּל	없음	יִתְקַטֵּל	y-/없음
3 여단	הִתְקַטְּלַת	-at	תִּתְקַטֵּל	t-/없음
2 남단	הִתְקַטֵּלְתָּ	-t	תִּתְקַטֵּל	t-/없음
2 여단	הִתְקַטֵּלְתִּי	-tī^y	תִּתְקַטְּלִין	t-/-īyn*
1 공단	הִתְקַטֵּלֶת	-ēt	אֶתְקַטֵּל	'-/없음
3 남복	הִתְקַטְּלוּ	-ū^w	יִתְקַטְּלוּן	y-/-ū^{w}n
3 여복	הִתְקַטְּלָה	-ā^h	יִתְקַטְּלָן	y-/-ān
2 남복	הִתְקַטֵּלְתּוּן	-tū^{w}n	תִּתְקַטְּלוּן	t-/-ū^{w}n
2 여복	הִתְקַטֵּלְתֶּן	-tēn	תִּתְקַטְּלָן	t-/-ān
1 공복	הִתְקַטֵּלְנָא	-nā'	נִתְקַטֵּל	n-/없음

다음은 히트크텔의 명령형을 나타낸 도표이다. 단수형의 형태를 근거로 복수형의 형태를 예측하여 보라 (9.2 참조).

	남단	여단	남복	여복
히트크텔 명령형	הִתְקַטֵּל	הִתְקַטְּלִי		

11.4. 히트캇탈(히트파알) 활용: 완료형과 미완료형

인칭	완료형	접미어	미완료형	접두어 / 접미어
3 남단	הִתְקְטֵל	없음	יִתְקְטֵל	y-/없음
3 여단	הִתְקְטְלַת	-at	תִּתְקְטֵל	t-/없음
2 남단	הִתְקְטֵלְתְּ	-t	תִּתְקְטֵל	t-/없음
2 여단	הִתְקְטֵלְתִּי	-tī ^{y}	תִּתְקְטְלִין	t-/-īyn*
1 공단	הִתְקְטְלֵת	-ēt	אֶתְקְטֵל	ʾ-/없음
3 남복	הִתְקְטְלוּ	-ū ^{w}	יִתְקְטְלוּן	y-/-ū ^{w}n
3 여복	הִתְקְטְלָה	-ā ^{h}	יִתְקְטְלָן	y-/-ān
2 남복	הִתְקְטֵלְתּוּן	-tū ^{w}n	תִּתְקְטְלוּן	t-/-ū ^{w}n
2 여복	הִתְקְטֵלְתֵּן	-tēn	תִּתְקְטְלָן	t-/-ān
1 공복	הִתְקְטֵלְנָא	-nā ʾ	נִתְקְטֵל	n-/없음

다음은 히트캇탈의 분사를 표시한 표이다. 빈칸에 알맞은 형태를 예측하여 적으라 (9.2 참조).

	남단	여단	남복	여복
히트캇탈 분사	מִתְקְטֵל		מִתְקְטְלִין	

11.5. 어휘

아람어 동사	뜻	아람어 동사	뜻
רגשׁ	무리지어 오다	שׁמד	파괴하다
זמן	동의하다	שׁמשׁ	봉사하다
מגר	전복하다	שׁפט	판단하다
כרז	선포하다	תבר	부수다
נסד	붓다	תוה	놀래다
סבל	나르다	תקל	무게달다
תקן	세워지다		

11.6. 이 책의 부록에 수록된 아람어 사전을 활용하여 다음의 아람어를 우리말로 번역라.

(1) וְהִשְׁתְּכַח מְגִלָּה חֲדָה בְּבִירְתָא דִּי בְּמָדַי מְדִינְתָּא

(2) הִתְגְּזֶרֶת אֶבֶן דִּי־לָא בִידַיִן

(3) יִתְרְמֵא לְגוֹב אַרְיָוָתָא

(4) הִתְנַדַּבוּ מַלְכָּא וְיָעֲטוֹהִי כְּסַף וּדְהַב לֶאֱלָהּ יִשְׂרָאֵל

(5) וּכְעַן הֵן עַל־מַלְכָּא טָב יִתְבַּקַּר בְּבֵית גִּנְזַיָּא דִּי מַלְכָּא תַּמָּה דִּי בְּבָבֶל

(6) לָא תִתְחַבַּל מַלְכוּתָא לְעָלְמִין

(7) עַד־כְּעַן מִתְבְּנֵא וְלָא שְׁלִם

(8) מָאנַיָּא מִתְיַהֲבִין לָךְ לְפָלְחָן בֵּית אֱלָהָךְ

(9) הֵן קִרְיְתָא דָךְ תִּתְבְּנֵא וְשׁוּרַיָּא יִשְׁתַּכְלְלוּן מִנְדָּה־בְלוֹ וַהֲלָךְ לָא יִנְתְּנוּן

제12과
III-ה/א 동사 활용

12.1. 성서 아람어에서는 III-ה 동사와 III-א 동사 사이의 구분이 없다. III-ה 동사는 본래 마지막 자음이 반자음(ו/י)인 어근을 지칭한다. (성경 히브리어에서와 마찬가지로) 아람어에서도 이 마지막 자음이 자음으로서 음가를 잃어버려 형성된 어근이 종종 III-ה 동사로 불린다. 따라서 아람어나 히브리어에서 이 어근의 마지막 자음으로 보이는 ה는 자음이 아니라 모음문자이다. 아람어에서는 마지막 자음이 א였던 어근도 א가 묵음화됨에 따라 III-ה 동사처럼 활용된다. 다음은 III-א/ה 어근의 완료형이다.

성.인칭	접미어	크탈	캇텔	하크텔	히트크텔	히트캇탈
3 남단	없음	בְּנָה	בַּנִּי	הַבְנִי	הִתְבְּנִי	הִתְבַּנִּי
3 여단	-at	בְּנָת	בַּנִּיַת	הַבְנִיַת	הִתְבְּנִיַת	הִתְבַּנִּיַת
2 남단	-tā	בְּנִיתָ	בַּנִּיתָ	הַבְנִיתָ	הִתְבְּנִיתָ	הִתְבַּנִּיתָ
2 여단	-tī ^{y}	בְּנִיתִי	בַּנִּיתִי	הַבְנִיתִי	הִתְבְּנִיתִי	הִתְבַּנִּיתִי
1 공단	-ēt	בְּנִית	בַּנִּית	הַבְנִית	הִתְבְּנִית	הִתְבַּנִּית
3 남복	-ū ^{w}	בְּנוֹ	בַּנִּיו	הַבְנִיו	הִתְבְּנִיו	הִתְבַּנִּיו
3 여복	-ā ^{h}	בְּנָה	בַּנִּיָה	הַבְנִיָה	הִתְבְּנִיָה	הִתְבַּנִּיָה
2 남복	-tū ^{w}n	בְּנִיתוּן	בַּנִּיתוּן	הַבְנִיתוּן	הִתְבְּנִיתוּן	הִתְבַּנִּיתוּן
2 여복	-tēn	בְּנִיתֵן	בַּנִּיתֵן	הַבְנִיתֵן	הִתְבְּנִיתֵן	הִתְבַּנִּיתֵן
1 공복	-nā'	בְּנִינָא	בַּנִּינָא	הַבְנִינָא	הִתְבְּנִינָא	הִתְבַּנִּינָא

(1) III-ㅇ/ㅎ 동사의 크탈(페알) 완료형(*banay-)에서 2인칭 남녀 단수, 복수형들과 1인칭 공성 단수, 복수형에서는 세 번째 근자음 ʾ가 철자에 등장한다. 그리고 강세 어미를 가지는 2인칭 복수에서는 이중모음 /ay/가 /ēʸ/로 단모음화 되지만, 강세를 가지지 않는 어미가 붙은 2인칭 단수형에서는 이중모음 /ay/가 그대로 유지된다(*banaytūʷn 〉 bənēʸtūʷn). 반면 모음으로 시작하는 어미들 앞에서 세 번째 근자음(요드)은 완전히 탈락하여, 3인칭 남성 단수는 בָּנָה(〈*banaya), 3인칭 여성 단수는 בָּנְתָה(*banayat)이 되며, 3인칭 남성 복수는 בָּנוּ(*banayū), 3인칭 여성복수는 בָּנָה(*banayāt)가 된다. 마지막으로 1인칭 단수와 복수의 형태에 주목하라. 이것들은 강세 음절의 /ay/가 /ēʸ/로 축약되는 불규칙성을 보인다: בָּנִיתִ(〈*banayt) ; בָּנֵינָא(〈*banaynāʾ).

(2) 그외 어간들의 완료형은 캇텔(파엘)의 어미와 동일한 어미를 가진다 : (qaṭṭ)īʸ, (qaṭṭ)iyyat, (qaṭṭ)īʸtā, (qaṭṭ)īʸtīʸ, (qaṭṭ)īʸt, (qaṭṭ)īʸw, (qaṭṭ)iyyāʰ, (qaṭṭ)īʸtūʷn, (qaṭṭ)īʸtēn, (qaṭṭ)īʸnāʾ. 하크텔(하펠)과 히트크텔(히트페엘)은 캇텔과 같이 두 번째 근자음과 세 번째 근자음 사이에 본래 /i/가 위치했으므로 [/iy/ + 완료형 어미]가 동일한 형태로 결과되는 것이 당연하다. 그러나 히트캇탈(히트파알)은 두 번째 근자음과 세 번째 근자음 사이에 /a/가 위치하기 때문에 캇텔보다 크탈(페알)과 유사한 어미가 결과될 것(/ay/ + 완료형 어미)으로 예상되지만, 예상과 달리 캇텔 완료형과 유사하게 활용한다. 비슷하게 두 번째 근자음과 세 번째 근자음 사이에 본래 /i/가 위치한 크탈 완료형(*qaṭiya)도 캇텔과 동일한 어미로 활용된다(예: צָבִית 나는 소원했다. אִשְׁתִּי 나는 마셨다.). (qaṭ)īʸ, (qaṭ)iyyat, (qaṭ)īʸtā, (qaṭ)īʸtīʸ, (qaṭ)īʸt, (qaṭ)īʸw, (qaṭ)iyyāʰ, (qaṭ)īʸtūʷn, (qaṭ)īʸtēn, (qaṭ)īʸnāʾ.

12.2. 성서 아람어에서 크틸(크탈의 수동 어간)로 사용된 III-א/ה 동사의 예는 다음과 같다. גְּלִי/גֲּלִי 그것이 계시되었다(단 2:19, 30). קְרִי 그것이 읽혀졌다(스 4:18). אתה 오다의 호크탈(호팔) 어간도 성서 아람어에 나타난다: הֵיתָיִת (그 돌이) 가져와지다(단 6:18). הֵיתָיוּ 그들이 데려와지다(단 3:13).

12.3. III-א/ה 동사 미완료형은 단어 끝 /ē/에 대한 모음 문자로 ה가 아닌 א를 사용한다. 또한 어간에 관계없이 〈두 번째 근자음 모음 + 어미〉가 동일한 형태를 가진다. 따라서 크탈(페알) 미완료형을 접두어와 접미어에 유의하며 암기하면, 나머지 어간의 미완료형도 그것의 3인칭 남성 단수 형태만 알고 있으면 모두 예측할 수 있다. 아래 표를 완성하여라.

성.인칭	접미어	크탈	캇텔	하크텔	히트크텔	히트캇탈
3 남단	y-/-ē'	יִבְנֵא	יְבַנֵּא	יְהַבְנֵא	יִתְבְּנֵא	יִתְבַּנֵּא
3 여단	t-/-ē'	תִּבְנֵא				
2 남단	t-/-ē'	תִּבְנֵא				
2 여단	t-/-ē^{y}n	תִּבְנֵין				
1 공단	'-/-ē'	אֶבְנֵא	אֲבַנֵּא			
3 남복	y-/-ō^{w}n	יִבְנוֹן				
3 여복	y-/-əyān	יִבְנְיָן				
2 남복	t-/-ō^{w}n	תִּבְנוֹן				
2 여복	t-/-əyān	תִּבְנְיָן				
1 공복	n-/-ē'	נִבְנֵא				

12.4. III-א/ה 동사의 크탈(페알) 명령형 2인칭 남성 단수는 /ē'/로 끝난다: *בְּנִי 지어라, חֱיִי 살아라. 이것은 /ē'/로 끝나는 2인칭 남성 단수 미완료형과 형태적 차이를 보인다. 이 형태적 차이는 미완료형이 역사적으로 법(mode)을 표시하는 모음 /u/로 끝났으나 명령형에서는 그런 모음이 없었다는 사실과 관계있다 : *yabniyu → yibnē'(미완료) vs. *bniy → *biniy → bᵊnīʸ(명령형). (III-א/ה 동사 이외 의 동사에서는 이 역사적 모음 차이가 미완료형과 명령형의 형태적 차이로 나타나지 않는다). 크탈 남성 복수형: הֱוֹו ~되어라. 캇텔 명령형의 경우 남성 단수는 בַּנִי, 남성 복수는 בַּנּוֹ이다. 하크텔 명령형의 경우 남성단수는 הַבְנִי, 남성복수는 הַבְנוֹ이다.

12.5. III-א/ה 동사의 크탈(페알) 부정사의 절대형은 מִבְנֵא이다. 파생 어간들의 부정사에서는 י가 살아나, 파생 어간들의 부정사는 -āyāʰ로 끝난다. (예: 캇텔 부정사형은 בַּנָּיָה이다.) 크탈 부정사에 대명 접미사가 붙을 때는 א가 없어지고 י가 살아난다: כְּמִצְבְּיֵהּ 그가 (그것을) 바라는 대로(단 4:32). לְמֵזְיֵהּ 그것을 데우기 위해(단 3:19).

12.6. III-א/ה 동사의 능동 분사는 다음과 같다.

인칭	크탈	캇텔	하크텔	히트크텔	히트캇탈
남단	בָּנֵה/א	מְבַנֵּא	מְהַבְנֵא	מִתְבְּנֵא	מִתְבַּנֵּא
여단	בָּנְיָה	מְבַנְּיָה	מְהַבְנְיָה	מִתְבַּנְיָה	מִתְבַּנְּיָה
남복	בָּנַיִן	מְבַנַּיִן	מְהַבְנַיִן	מִתְבְּנַיִן	מִתְבַּנַּיִן
여복	בָּנְיָן	מְבַנְּיָן	מְהַבְנְיָן	מִתְבְּנְיָן	מִתְבַּנְּיָן

III א/ה 동사의 능동분사 활용은 대체로 규칙적이다. 주의할 것은 여성형에서 세 번째 근자음으로 י가 사용된다는 점과 남성 복수형은 이중 모음(/-ayin/)으로 끝난다는 것이다. 크탈(페알)의 수동

분사인 경우 첫 번째와 두 번째 자음 사이의 모음이 /ā/가 아니라 /a/이다. 따라서 분사 활용시 폐음절이 되는 여성 단수와 여성 복수를 제외하고 /ə/로 축약된다. 파생 어간들의 수동 분사는 남성 단수형을 제외하면 능동 분사와 구분되지 않는다. 캇탈의 수동 분사는 מְבַנַּי(남단), 하크텔의 수동 분사는 מְהַבְנַי이다.

	남단	여단	남복	여복
크탈수동분사	בְּנֵה/א	בְּנְיָה/א	בְּנַיִן	בַּנְיָן
캇텔수동분사	מְבַנַּי	מְבַנְּיָה	מְבַנַּיִן	מְבַנְּיָן
하크텔수동분사	מְהַבְנַי	מְהַבְנְיָה	מְהַבְנַיִן	מְהַבְנְיָן

12.7. 다음은 성서 아람어 본문에 사용된 III-א/ה 동사들이다. 이 책의 끝에 수록된 사전을 찾아 각 동사들이 성경에서 실제로 어떤 어간으로, 어떤 형태로 쓰였는지 조사해 보자.

III-א/ה 동사	뜻	III-א/ה 동사	뜻
קרא	부르다, 읽다	חיא	살다
נשא	들다, 나르다	בעא	묻다, 구하다
שנא	미워하다	מחא	때리다
נבא	예언하다	מלא	가득하다
שרא	풀다, 거하다	אזא	뜨겁게하다
צלא	기도하다	צבא	원하다, 기뻐하다
שנא	변하다	שתה	마시다
רמא	던지다	דמה	~와 같다
גלה	계시하다, 유배시키다	הוה	~이다

בנה	짓다	חזה	보다
אתה	오다	קנה	얻다, 사다
מנה	세다	ענה	대답하다
חוה	보여주다	עדה	지나가다
רבה	많다	תוה	놀라게하다
מטה	도달하다, 이르다	שוה	~과 같다, ~이 되다

12.8. 연습문제: 이 책의 부록으로 수록된 아람어 사전을 활용하여 다음 아람어를 우리말로 번역하라.

(1) נְבוּכַדְנֶצַּר מֶלֶךְ־בָּבֶל בַּיְתָה דְנָה סַתְרֵהּ וְעַמָּה הַגְלִי לְבָבֶל

(2) וְדָנִיֵּאל בְּעָא מִן־מַלְכָּא וּמַנִּי עַל עֲבִידְתָּא דִּי מְדִינַת בָּבֶל לְשַׁדְרַךְ מֵישַׁךְ וַעֲבֵד נְגוֹ

(3) רְבָה אִילָנָא וּתְקִף וְרוּמֵהּ יִמְטֵא לִשְׁמַיָּא וַחֲזוֹתֵהּ לְסוֹף כָּל־אַרְעָא

(4) עוֹד מִלְּתָא בְּפֻם מַלְכָּא קָל מִן־שְׁמַיָּא נְפַל לָךְ אָמְרִין נְבוּכַדְנֶצַּר מַלְכָּא מַלְכוּתָה עֲדָת מִנָּךְ

(5) הַנְפִּקוּ מָאנֵי דַהֲבָא מִן־הֵיכְלָא דִּי־בֵית אֱלָהָא וְאִשְׁתִּיו בְּהוֹן

(6) מִן־בְּנֵי אֲנָשָׁא טְרִיד וְלִבְבֵהּ עִם־חֵיוְתָא שַׁוִּיו

(7) סָרְכַיָּא הֲווֹ בָעַיִן עִלָּה לְהַשְׁכָּחָה לְדָנִיֵּאל מִצַּד מַלְכוּתָא

(8) הֵן קִרְיְתָא דָךְ תִּתְבְּנֵא מִנְדָּה־בְלוֹ וַהֲלָךְ לָא יִנְתְּנוּן

(9) שָׁבֵי יְהוּדָיֵא יִבְנוֹן בֵּית־אֱלָהָא דֵךְ עַל־אַתְרֵהּ

(10) בֵּאדַיִן קָמוּ זְרֻבָּבֶל וְיֵשׁוּעַ לְמִבְנֵא בֵּית אֱלָהָא דִּי בִירוּשְׁלֶם

(11) לָא־כָהֲלִין פְּשַׁר־מִלְּתָא לְהַחֲוָיָה

제13과
후음 동사들의 활용

13.1. 후음 동사란 세 개의 근자음 중에 후음 문자 ע ח ה א 혹은 ר가 포함된 동사를 지칭한다. 따라서 후음 문자의 음운론적 특징이 후음 동사의 활용에 영향을 미친다. 이 동사들의 활용과 관련해 중요한 음운 법칙은 다음과 같다.

(1) 후음 문자 ע ח ה ר로 끝나는 폐음절의 모음이 (역사적으로 단모음 /i/에서 유래한) /i/ 혹은 /ē/일 때 그 모음은 성서 아람어에서 /a/가 된다. 이 법칙에 영향받는 것은 세 번째 근자음이 후음 문자인 동사의 크탈(페알) 분사형(qātēl)과 캇텔분사형(məqaṭṭēl)이다. פָּלַח(예배하는)는 크탈 분사 남성 단수형이다. 후음 문자로 끝나는 어근의 크탈 분사형에서 두 번째 근자음과 세 번째 근자음 사이의 원래 모음 /ē/(‹/i/)가 /a/로 바뀐 것이다. מְשַׁבַּח(찬양하는)는 캇텔 분사 남성 단수형이다. 후음 문자로 끝나는 어근의 캇텔 분사형에서 두 번째 근자음과 세 번째 근자음 사이의 원래 모음 /ē/(‹/i/)가 /a/로 바뀐 것이다.[1]

(2) 후음 문자 중 ר와 א는 중복되지 않는 대신 그 앞의 단모음들

---

[1] 이 현상이 확대되어 후음 문자로 끝나는 폐음절이 아니어도 후음 문자 앞의 /ē/ 혹은 /i/가 /a/로 바뀌는 현상이 관찰된다. 이것은 능동 어간들의 3인칭 남녀 복수 완료형에서 나타난다. 예를 들어 שַׁבַּחוּ(그들이 찬양했다)는 캇텔 3인칭 남성 복수 완료형으로 본래 두 번째 근자음으로 시작하는 음절이 강세를 가지며, /i/모음을 가지고 있었다(קַטִּלוּ). 그러나 세 번째 근자음이 후음 문자인 שבח의 경우 단모음 /i/가 /a/로 바뀐 형태를 보인다.

이 보상적으로 장음화된다(Compensatory Lengthening). ע ה ח 는 중복될 수 있으나 중복점을 찍어 표시하지는 않는다(Virtual Doubling). 이 법칙에 영향받는 것은 두 번째 근자음이 ר 혹은 א인 어근의 캇텔(파엘) 활용이다. 캇텔 활용은 두 번째 근자음이 중복되는 것이 특징이기 때문이다. 이 때 그 앞의 모음이 길어짐으로써 중복되지 못함을 보상한다. בֵּרַךְ 그가 축복했다.

13.2. I-ח/ע 동사들을 활용할 때는 다음과 같은 사항에 유의해야 한다.

(1) 유성 쉐바를 취할 때 단순 쉐바 대신 하텝-파타흐(/ǎ/)를 취한다. 예를 들어 크탈(페알) 남성 단수 완료형은 본래 קָטַל이나 I-ח/ע 동사의 경우 첫 번째 근자음의 쉐바가 하텝-파타흐(/ǎ/)가 된다: עָבַד 그는 일했다.

(2) 크탈(페알) 1인칭 공성 단수 완료형에서 첫 번째 근자음은 /i/(קָטֵלְת) 대신 /a/(עָבַדְת)를 모음으로 가진다.

(3) 활용 도중에 접두어(מ/ה/י)와 첫 번째 근자음이 폐음절(자음 + 단모음 + ע/ח)을 이루면 예상되는 단모음과 다른 단모음이 등장할 수 있다. 예를 들어 강동사의 크탈(페알) 부정사는 מִקְטַל이지만 I-ח/ע 동사의 경우 *מֶקְטַל처럼 활용된다: מֶעֲבַד 일하는 것 ; מֶחֱזֵא 보는 것. 또한 하크텔의 완료형의 경우, 본래 접두어와 첫 번째 근자음 사이의 모음이 /a/이지만, I-ח/ע 동사의 경우는 /e/이다: הֶחֱסַנוּ 그들은 취하였다. הֶעְדִּיו 그들이 제거하였다.

(4) 접두어와 폐음절을 이루는 후음 문자(첫 번째 근자음) 뒤에 유성 쉐바를 가진 두 번째 근자음이 올 때, 첫 번째 근자음, 즉 후음 문자는 접두어의 모음과 똑같은 모음을 취하기도 한다. תַּעַבְדוּן은 본래 *תַּעֲבְדוּן이었으나 ע이 ת와 동일한 모음을 취한

형태이다. **הָהָחְרְבַת**도 본래 *הָהְחְרְבַת이었으나 **ח**가 **ה**와 동일한 모음을 취한 것이다.

13.3. 다음은 성서 아람어 본문에 사용된 I-**ח/ע** 동사들이다. 이 책 끝에 수록된 사전을 찾아 각 동사들이 성경에서 실제로 어떤 어간으로, 어떤 형태들로 쓰였는지 조사해 보자.

아람어	뜻	아람어	뜻
עבד	하다, 만들다	**עקר**	뿌리 뽑히다
עדה	지나가다	**ערב**	섞다
עלל	들어오다	**עשׁת**	생각하다, 계획하다
ענה	대답하다	**חבל**	파괴하다
חוה	선언하다	**חנן**	호의를 베풀다
חזה	보다	**חסן**	취하다
חיא	살다	**חצף**	교만하다
חיט	수리하다	**חרב**	파괴하다
חלף	(시간이)지나다	**חרך**	태우다
חשׁב	생각하다	**חשׁח**	필요하다
חשׁל	부수다	**חתם**	봉하다

13.4. III-후음 동사 활용의 특징은 2인칭 남성 완료형에서 나타나는 겹자음에 모음을 삽입하여 "세골명사화"할 수 있다는 것이다. 예를 들어, 크탈 2인칭 남성 단수는 **קְטַלְתְּ**인데, 세 번째 근자임이 후음 문자라면 **קְטַלַת**(qǝṭálat)을 기대할 수 있다는 것이다: **הִשְׁתְּכַחַת** 너는 발견되었다.

이 "세골 명사화"는 3인칭 여성 단수나 1인칭 단수에서도 나타난다. 이 두 활용, 즉 **קְטַלַת**과 **קְטַלֵת**은 모두 **טַלַת-/טַלֵת**-과 같은 모음패턴을 보이는데 이것은 צֶלֶם같이 히브리어에서는 "세골 명사"로 변하는 단어들을 상기시킨다. 세 번째 근자음이 후음 문자인 어근에서는 이런 모음 패턴이 발생하면 그것을 세골 명사화하는 경향이 있다. אֲמֶרֶת 그녀가 말했다는 본래 אָמְרַת이 되어야 하지만, מְרַת-이 세골 명사화하여 מֶרֶת-(méret)이 된다. 따라서 א는 비강세 개음절이 되므로, 모음 /a/는 쉐바(여기서는 하텝-파타흐)로 축약된다. הִתְגְּזֶרֶת 그것이 떨어져 나갔다도 본래 *הִתְגַּזְרַת이 되어야 하지만, זְרַת-이 세골 명사화하여 זֶרֶת-(ze´ret)이 되고, 그 앞의 גַּ가 גְּ로 축약된 형태이다. 그러나 이런 세골 명사화가 반드시 발생하는 것은 아니다.

　예) שַׁבְּחֵת 나는 찬양했다.

13.5. 다음은 성서 아람어 본문에 사용된 III-후음 동사들이다. 이 책의 끝에 수록된 사전을 찾아 각 동사들이 성경에서 실제로 어떤 어간으로, 어떤 형태들로 쓰였는지 조사하라.

아람어	뜻	아람어	뜻
שלח	보내다	פלח	섬기다
מלח	녹을 먹다	שבח	찬양하다
שכח	찾다	חשח	~할 필요가 있다
צלח	번성하게 하다	פתח	열다
דבח	제사드리다	ידע	알다
נסח	빼내다	שמע	듣다
צבע	젖다, 적시다	סגר	닫다
בקר	조사하다	מגר	전복하다
אמר	말하다	סתר	파괴하다, 감추다
גמר	완성하다	דור	살다
גזר	자르다	הדר	영화롭게 하다
שפר	좋다, 공정하다	שדר	노력하다
פשר	해석하다	נטר	지키다, 간수하다

13.6. I-א 동사를 활용할 때 다음의 사항에 유의한다.

(1) 크탈(페알) 완료형에서 א가 쉐바를 취할 때, 단순 쉐바가 아닌 하텝-파타흐(אֱמַר)를 취한다. 1인칭 단수형에서 첫 번째 근자음이 취하는 모음이 /i/에서 /a/로 바뀐다. 예) אֲמְרֵת 나는 말했다(13.2 (1)과 (2) 참조).

(2) 크탈(페알) 미완료형과 부정사에서 접두어와 א가 폐음절(접두어 + /i/ + א)을 형성할 때 א가 묵음화되어 접두어에 붙은 모음이 /i/에서 /ē/로 길어진다. יֵאמַר 그가 말할 것이다. נֵאמַר 우리가 말할 것이다. מֵאמַר 말하기. מֵזֵא 데우기. 마지막 예는 מֵאֵזֵא에서 묵음화된 א가 완전히 생략된 형태이다.

(3) 크탈(페알) 명령형에서 두 번째 근자음의 모음(미완료형 주제 모음)이 /a/이면 א는 /ĕ/를 취하나, 두 번째 근자음의 모음이 /u/이면 א는 /ă/를 취한다. 예) אֱמַר 말하라. אֲכֻלִי 먹어라. 두 번째 근자음이 /e/인 경우 א는 /ē/를 취한다. אֵזֵל 가라!(스 5:15).

(4) I-א동사의 크틸 분사(페일 분사)는 אֲמִיר로 예상되지만, 성경에 나온 유일한 예(אֵזֵה 데워진 단 3:22)에 따르면 אֵמִיר이다.

(5) 하크텔(하펠) 활용에서 접두어 ה와 첫 번째 근자음인 א가 폐음절(자음 + 모음 + 자음)을 이룰 때, א가 마치 ו인 것으로 취급되고 단모음화된다: ha' > haw > hōʷ. אבד의 하크텔 완료형 3인칭 남성 단수를 예로 들면, 예상되는 형태는 הַאְבֵד이지만 실제 형태는 הוֹבֵד(⟨hawbēd⟩)이다. 그것의 부정사형도 예상되는 형태는 הַאְבָדָה이지만, 실제 형태는 הוֹבָדָה이다. 단 אמן과 אתה의 경우, 하크텔에서 א가 י처럼 행동한다(ha' > hay > hēʸ). הֵימִן 그가 믿었다(단 6:24). מְהֵימַן 신뢰할 만한, 믿어지는(단 2:45). הֵיתִי 그가 데려왔다(⟨הַאְתִי⟩단 6:24). 수동형의 예. הֵיתָיִת 그것

이 데려와졌다. הֵיתָיוּ 그들이 데려와졌다.

13.7. 다음은 성서 아람어 본문에 사용된 I-א 동사들이다. 이 책의 마지막에 수록된 사전을 찾아 각 동사들이 성경에서 실제로 어떤 어간으로, 어떤 형태들로 쓰였는지 조사해 보자.

아람어	뜻	아람어	뜻
אתה	오다	אכל	먹다
אבד	멸망하다	אמן	믿다
אזא	뜨겁게하다	אמר	말하다
אזל	가다, 떠나다	אנס	압제하다

13.8. II-א 동사는 강동사와 같이 활용되며, III-א 동사는 III-ה 동사와 같이 활용된다.

13.9. 연습문제: 이 책의 부록으로 수록된 아람어 사전을 참조하여 다음의 아람어를 우리말로 번역하라.

(1) יְהוּדָיֵא סְלִקוּ מִן־לְוָתָךְ עֲלֶינָא אֲתוֹ לִירוּשְׁלֶם

(2) אֱדַיִן כְּנֵמָא אֲמַרְנָא לְהֹם מַן־אָנּוּן שְׁמָהָת גֻּבְרַיָּא דִּי בִנְיָנָא בָּנַיִן

(3) וּלְמָאנַיָּא דִי־בַיְתֵהּ הַיְתִיו קָדָמָךְ

(4) עֲנוֹ תִנְיָנוּת וְאָמְרִין מַלְכָּא חֶלְמָא יֵאמַר לְעַבְדוֹהִי וּפִשְׁרָה נְהַחֲוֵה

(5) וּשְׂעַר רֵאשְׁהוֹן לָא הִתְחָרַךְ וְסָרְבָּלֵיהוֹן לָא שְׁנוֹ וְרֵיחַ נוּר לָא עֲדָת בְּהוֹן

(6) עָנֵה מַלְכָּא וְאָמַר לְדָנִיֵּאל לְהוֹדָעֻתַנִי חֶלְמָא דִי־חֲזֵית וּפִשְׁרֵהּ

(7)   עַד דִּי־אֲתָה עַתִּיק יוֹמַיָּא וְדִינָא יְהִב לְקַדִּישֵׁי עֶלְיוֹנִין וְזִמְנָא מְטָה

וּמַלְכוּתָא הֶחֱסִנוּ קַדִּישִׁין

(8)   בַּקַּרוּ וְהַשְׁכַּחוּ דִּי קִרְיְתָא דָךְ מִן־יוֹמָת עָלְמָא עַל־מַלְכִין מִתְנַשְּׂאָה

(9)   הֲלָא גֻבְרִין תְּלָתָא רְמֵינָא לְגוֹא־נוּרָא מְכַפְּתִין

(10)   בְּרִיךְ אֱלָהֲהוֹן דִּי־שַׁדְרַךְ מֵישַׁךְ וַעֲבֵד נְגוֹ דִּי־שְׁלַח מַלְאֲכֵהּ

제14과
I-ֿנ, I-ֿי, II-ֿי/ו 동사의 활용

14.1. I-נ 동사 활용에서는 3.3에서 설명한 자음 동화와 자음 이화 법칙이 적용된다. יִתְּנִנַּה(그가 그녀를 주었다)의 경우 본래 *יִנְתְּנִנַּה로 부터 첫 번째 נ이 תּ에 동화됨으로 생겨난 것이다. 반면 יִנְתְּנוּן인 경우 *יִתְּנוּן에서 중복자음 תּ가 'נ + תּ'로 이화된 형태이다. 이외에 I-נ 동사 활용에는 다음을 유의하라.

(1) 두 동사 נתן(주다)과 נפל(떨어지다)의 크탈(페알) 미완료의 주제 모음은 /ē/이다: יִפֵּל 그가 떨어질 것이다. יִנְתֵּן 그가 줄 것이다.[1]

(2) I-נ 동사의 크탈(페알) 명령형에서는 첫 번째 근자음 נ이 탈락된다: פֻּקוּ 나와라(단 3:26). שֵׂא 가져가라(스 5:15).

14.2. 다음은 성서 아람어 본문에 사용된 I-נ 동사들이다. 이 책의 마지막에 수록된 사전을 찾아 각 동사들이 성경에서 실제로 어떤 어간으로, 어떤 형태들로 쓰였는지 조사해 보자.

I-נ 동사	뜻	I-נ 동사	뜻
נבא	예언하다	נדד	달아나다
נגד	흐르다	נוד	도망하다
נדב	자발적으로 드리다	נזק	다치다
נחת	내려가다	נטל	보다

---

[1] נתן은 미완료형과 부정사형으로 쓰이고 "주다"는 의미의 완료형과 명령형은 יהב가 담당한다.

נסח	끌어가다	נסך	붓다
נפל	떨어지다	נפק	나오다
נצח	두드러지다	נצל	구하다
נקשׁ	두드리다	נשׂא	가지고 가다
נתן	주다	נתר	벗기다
נטר	지키다		

14.3. I-י 동사 활용에서 유의할 점은 다음과 같다.

(1) 크탈(페알) 미완료형에서 마치 I-נ 동사인 것처럼 행동한다. 즉 첫 번째 근자음이 두번째 근자음에 동화되거나, 동화된 후 다시 이화된 형태인 נ으로 나타난다. יִתֵּב는 יתב(앉다)의 3인칭 남성 단수 미완료형으로, 본래 יִיְתֵּב*에서 첫 번째 근자음 י가 두번째 근자음 ת에 동화된 형태이다(참조: יֻכַּל 그는 할수 있다). 한편 תִּנְדַּע는 ידע(알다)의 2인칭 남성 단수 미완료형으로, 본래 תִּיְדַּע*에서 י가 두번째 근자음 ד에 동화되었다가 다시 이화되어 נ으로 비음화된 것이다(Nasalization). 그러나 모든 I-י 동사가 이렇게 활용하는 것은 아니다. 예를 들어 יטב(좋다)는 크탈(페알) 미완료형에서 I-א 동사처럼 활용한다: יֵיטַב 그것은 좋을 것이다.

(2) 크탈(페알) 명령형에서도 I-נ 동사처럼 첫 번째 근자음을 탈락시킨다: דַּע 알라(단 6:16). הַב 주라(단 5:17).

(3) 하크텔 활용에서는 첫 번째 근자음이 י가 아니라 ו인양 행동한다. הוֹדַע는 ידע의 하크텔 3인칭 남성 단수 완료형인데, הַוְדַע*에서 이중 모음 /הַו/가 /הוֹ/로 단모음화 된 형태이다. 하크텔 미완료형, 부정사, 분사형에서도 첫 번째 근자음이 마치 ו인것처럼 활용된다.

(3.1) **יבל**은 예외적으로 하크텔에서 첫 번째 자음이 ו가 아닌 י
로 간주된다. **הֵיבֵל** 그가 데려 왔다(스 5:14). **לְהֵיבָלָה** 데려오
는 것(스 7:15). 그러나 샤크텔 활용에서는 **יבל**도 첫 번째 근자
음이 ו인양 행동한다. 다음의 샤크텔 분사형을 보라: **מְסוֹבְלִין** (
기초들이) 놓이다(스 6:3).

(4) 하크텔의 수동형(호/후크탈)에서는 **הֻו**대신 **הו**가 사용된다.
הוּסְפַת 그것이 더해졌다(단 4:33).

14.4. 다음은 성서 아람어 본문에 사용된 I-י 동사들이다. 이 책
의 끝에 수록된 사전을 찾아 각 동사들이 성경에서 실제로 어떤 어
간으로, 어떤 형태들로 쓰였는지 조사해 보자.

I-י 동사	뜻	I-י 동사	뜻
יבל	가져오다, 데려오다	**יעט**	조언하다
ידא	찬양하다	**יצב**	확인하다
ידע	알다	**יקד**	태우다
יהב	주다	**יתב**	거하다
יטב	선을 행하다	**יסף**	더하다
יכל	할 수 있다		

14.5. II-ו/י 동사 가운데 일부(참조: **תְּוַהּ**)는 강동사처럼 활용되
지만 대부분의 II-ו/י 동사에서 두번째 근자음은 활용시 사라진다.

(1) 완료형

성.인칭	접미어	크탈	하크텔
3 남단	없음	קָם (רם)	הֲקֵים (הָקֵים)
3 여단	-at	קָמַת	הֲקֵימַת

2 남단	-tā	קַמְתָּ	הֲקֵימְתָּ
2 여단	-tīʸ	קַמְתִּי	הֲקֵימְתִּי
1 공단	-et	קַמֵת	הֲקֵימֵת
3 남복	-ūʷ	קָמוּ	הֲקֵימוּ
3 여복	-āʰ	קָמָה	הֲקֵימָה
2 남복	-tūʷn	קַמְתּוּן	הֲקֵימְתּוּן
2 여복	-tēn	קַמְתֵּן	הֲקֵימְתֵּן
1 공복	-nā'	קַמְנָא	הֲקֵימְנָא

(1.1) II-וּ/יּ 동사는 크탈(페알) 완료형에서 첫 번째 근자음에 일
관되게 장모음 /ā/를 유지한다. רם은 상태동사의 크탈 완료
형으로 첫 번째 근자음에 일관되게 장모음 /ī/를 유지한다.[2]

(1.2) 1인칭 단수 완료형 어미가 강동사에서는 /-ēt/이지만 여기
에서는 /-et/이다: קְטַלֵת vs. קַמֵת.

(1.3) 크탈(페알) 완료형에서 2인칭 남녀 복수형만 제외하고 모
두 강세가 첫 번째 음절에 온다. 하크텔 완료형에서는 개
음절 장모음으로 끝나는 형태들(2남녀단, 3남녀복, 1공복)
을 제외하고 강세가 마지막에 위치한다. 1인칭 공성 단수인
הֲקֵימֵת는 폐음절로 끝남에도 불구하고 강세가 마지막에서
두번째 음절에 오는 이유는 קֵימֵת이 이루는 세골명사적 모음
패턴 때문이다.

(1.4) 하크텔의 완료형에서 모음으로 시작하는 어미를 가지는 활

---

[2] 크탈의 수동 어간은 첫 번째 근자음이 일관되게 /u/일 가능성이
있다: שֻׂמַת 그것이 놓여졌다(단 6:18). 그렇다면 שִׂים은 크탈 수동
어간의 완료형이 아닌 수동 분사일 가능성이 많다.

용형에서는 첫 번째 근자음이 /ī/를 취하는 반면, 자음으로
시작하는 어미를 가지는 활용형에서는 /ē/를 가진다. 예외
는 세골명사화로 인해 강세가 이동한 1인칭 공성 단수형태
로, 모음으로 시작하는 인칭 어미를 취함에도 불구하고 첫
번째 근자음은 /ē/를 취한다.

(1.5) 하크텔의 수동 어간인 호크탈의 경우 접두어 הָ를 취한다:
הָקֳמַת 그것은 세워졌다(단 7:5).

(2) 미완료형

성.인칭	접두/접미어	크탈(G)	하크텔(H)	히트크텔(Gt)
3 남단	y-/없음	יָקוּם (יָשִׂים)	יָקִים (יְהָקֵים)	יִתְזִין; יִתְשָׂם
3 여단	t-/없음	תָּקוּם	תָּקִים	
2 남단	t-/없음	תָּקוּם	תָּקִים	
2 여단	t-/-īᵞn	תָּקוּמִין	תָּקִימִין	
1 공단	'-/없음	אֲקוּם	אָקִים	
3 남복	y-/-ūʷn	יְקוּמוּן	יְקִימוּן	יִתְשָׂמוּן
3 여복	y-/-ān	יְקוּמָן	יְקִימָן	
2 남복	t-/-ūʷn	תָּקוּמוּן	תָּקִימוּן	
2 여복	t-/-ān	תָּקוּמָן	תָּקִימָן	
1 공복	n-/없음	נְקוּם	נָקִים	

크탈 미완료형의 경우 일관되게 첫 번째 근자음은 장모음 /ūʷ/를,
접두어는 /ə/를 가진다. 그러나 일부 동사는 /ūʷ/ 대신 /ī/를 가진
다(יָשִׂים). 하크텔 미완료형의 경우 일관되게 첫 번째 근자음은 장모

음 /בֿ/를, 접두어는 /ə/를 가진다. 히트크텔의 경우 접두어 ת에 언제나 중복점이 찍히는 것에 유의하라(יִתְּשֵׂם). 강세는 모두 마지막 음절에 위치한다.

(3) 명령형, 분사, 부정사

		크탈 (G)		하크텔 (H)	히트크텔 (Gt)
명령법	남단	קוּם (שִׂים)		הָקֵים	
	여단	קוּמִי (שִׂימִי)		הָקִימִי	
	남복	קוּמוּ (שִׂימוּ)		הָקִימוּ	
	여복	קוּמָה (שִׂימָה)		הָקִימָה	
부정사		מְקָם		הֲקָמָה	הִתְּשָׂמָה
		능동	수동		
분사	남단	קָאֵם	שִׂים	מְהָקֵים (מָקִים, מְקִים)	מִתְּשָׂם
	여단	קָיְמָה (קאמה)	שִׂימָה	מְקִימָה	מִתְּשָׂמָה
	남복	קָיְמִין (קאמין)	שִׂימִין	מְקִימִין	מִתְּשָׂמִין
	여복	קָיְמָן (קאמן)	שִׂימָן	מְקִימָן	מִתְּשָׂמָן

크탈(페알) 분사에서 וּ/וֹ가 א로 대체된다: קָאֵם ⟩ *קֵים. 남성 단수형을 제외한 형태에서는 철자상 א가 유지되지만 마소라 학자들의 모음은 그것을 י로 하여 읽을 것을 제안한다.

하크텔(하펠) 미완료형(/분사형)에 사용되는 접두어 ה와 아크텔 분사형에 사용되는 접두어 מ는 본래 단모음 /a/를 취하지만 II-וּ/י 동사에서는 /ā/로 길어진다: יְהָקֵים ((*יְהַקֵים) 그가 세울 것이다 ; מָרִים

(<מַרִים*) 높이는. מַרִים에서 מ 아래 장모음 /ā/가 역사적 장모음이
아니라는 사실은 그것에 활용 어미가 붙을 때 쉐바로 줄어든다는 사
실에서 분명해 진다: 여성 복수는 מְרִימָן이다.

II-י/ו 동사의 캇텔(파엘)형과 히트캇탈(히트파알)형은 두번째 근
자음을 ו로 한 강동사처럼 활용한다: שַׁוִּי ~처럼 만들다(단 5:21);
יִשְׁתַּוֵּה ~처럼 만들어지다(단 3:29).

마지막 근자음을 중복하여 사용하는 파생 어간들(폴렐, 히트폴랄)
도 성경에 증거된다: מְרוֹמֵם 높이는(단 4:34); הִתְרוֹמַמְתָּ 너는 자신
을 높였다(단 5:23). 접두어 ת에 중복점이 없는 것으로 보아 중복점
을 찍는 것은 순수 II-י/ו 동사 어간의 특징인 것 같다.

14.6. 다음은 성서 아람어 본문에 사용된 II-י/ו 동사들이다. 이
책의 마지막에 수록된 사전을 찾아 각 동사들이 성경에서 실제로 어
떤 어간으로, 어떤 형태들로 쓰였는지 조사해 보자.

II-י/ו 동사	뜻	II-י/ו 동사	뜻
קוּם	일어나다	תוּב	돌아가다
דוּר	거하다	נוּד	도망하다
רוּם	높다	זוּע	떨다
זוּד	교만히 행하다	שׁוה	~과 같다

14.7. 연습문제: 이 책의 부록으로 수록된 아람어 사전을 활용하
여 다음의 아람어를 우리말로 번역하라.

(1) וּכְדִי רָם לִבְבֵהּ וְרוּחֵהּ תִּקְפַת לַהֲזָדָה הָנְחַת מִן־כָּרְסֵא מַלְכוּתֵהּ וִיקָרָהּ

הֶעְדִּיו מִנֵּהּ

(2) מַלְכָּא נְבוּכַדְנֶצַּר נְפַל עַל־אַנְפּוֹהִי וּלְדָנִיֵּאל סְגִד וּמִנְחָה וְנִיחֹחִין לְנַסָּכָה
לֵהּ

(3) וְזִיוַי יִשְׁתַּנּוֹן עֲלַי וּמִלְּתָא בְּלִבִּי נִטְרֵת

(4) כָּל־קֳבֵל דִּי־מְלַח הֵיכְלָא וְעַרְוַת מַלְכָּא לָא אֲרִיךְ לַנָא לְמֶחֱזֵא עַל־דְּנָה
שְׁלַחְנָא וְהוֹדַעְנָא

(5) לָךְ אֱלָהּ אֲבָהָתִי מְהוֹדֵא וּמְשַׁבַּח אֲנָה דִּי חָכְמְתָא וּגְבוּרְתָא יְהַבְתְּ

(6) אֱדַיִן צְבִית לְיַצָּבָה עַל־חֵיוְתָא רְבִיעָיְתָא דִּי הֲוָת שָׁנְיָה מִן־כָּלְּהֵן

(7) אִתְיָעַטוּ כֹּל סָרְכֵי מַלְכוּתָא סִגְנַיָּא וַאֲחַשְׁדַּרְפְּנַיָּא לְקַיָּמָה קְיָם מַלְכָּא
וּלְתַקָּפָה אֱסָר

(8) מִן־רְבוּתָא דִּי יְהַב לֵהּ כֹּל עַמְמַיָּא אֻמַיָּא וְלִשָּׁנַיָּא הֲווֹ זָיְעִין וְדָחֲלִין מִן־
קֳדָמוֹהִי

(9) וְאַף מָאנֵי בֵית־אֱלָהָא דִּי דַהֲבָה וְכַסְפָּא דִּי נְבוּכַדְנֶצַּר הַנְפֵּק מִן־הֵיכְלָא
וְהֵיבֵל לְבָבֶל יַהֲתִיבוּן לְהֵיכְלָא

(10) תְּנוּד חֵיוְתָא מִן־תַּחְתּוֹהִי וְצִפְּרַיָּא מִן־עַנְפּוֹהִי

제15과
아인 중복 동사 활용, 불규칙 동사들

15.1. 아인 중복 동사(Geminate Verbs)란 두번째 근자음과 세 번째 근자음이 동일한 어근을 지칭한다. 이들 중 일부 어근(צלל 그 늘을 찾다)은 강동사처럼 활용하지만 대부분의 경우 다음과 같이 약동사 활용한다.

(1) 완료형

성.인칭	접미어	크탈	하크텔	후/호크탈
3 남단	없음	עַל	הֵעַל (הִנְעַל)	הֵעַל
3 여단	-at	עַלַּת	הֵעֵלֵת	
2 남단	-tā	עַלַּתְ	הֵעֵלְתָּ	
2 여단	-tī^y	עֲלַלְתִּי	הֵעֵלְתִּי	
1 공단	-ēt	עֲלַלֵת	הֵעֵלֵת	
3 남복	-ū^w	עַלּוּ	הֵעֵלוּ	הֵעֲלוּ
3 여복	-ā^h	עַלָּה	הֵעֵלָה	
2 남복	-tū^wn	עֲלַלְתּוּן	הֵעֵלְתּוּן	
2 여복	-tēn	עֲלַלְתֵּן	הֵעֵלְתֵּן	
1 공복	-nā'	עֲלַלְנָא	הֵעֵלְנָא	

(1.1) 아인 중복 동사의 크탈(페알) 완료형은 עַל('all) 혹은 עֲלַל을 어간으로 하여 활용된다. 자음으로 시작하는 어미와 결합할 때는 עֲלַל를 기본으로 활용하고, 모음으로 시작하는 어미와 결합할 때는 עַל('all)을 기본으로 활용한다. 3인칭 여성 단수 형태인 עַלֲלַת의 경우, 맛소라 모음은 분명히 /'all/에 3인칭 여성 어미 /at/가 결합한 /'allat/을 보여주고 있으나, 자음 본문은 강동사 활용을 전제하는 것 같다. 그러나 다른 아인 중복 어근의 활용을 고려할 때 보다 정확한 철자법은 두 번째 ל를 생략한 형태일 것이다(עַלַת). 참조 (נדד)(נַדַת) (그의 양이) 도망갔다(단 6:19).

(1.2) 하크텔 완료형은 첫 번째 근자음이 중복된 형태를 보인다 (virtual doubling). 이것은 접두어 ה에 붙는 단모음 /a/가 비강세 개음절에서도 /ə/로 축약되지 않고 유지되는 것을 통해 알 수 있다. 3인칭 남성 단수의 대체형인 הַנְעֵל은 중복된 ע이 נ과 ע으로 이화(dissimilization)된 것이다. 3인칭 여성 단수형과 1인칭 단수형은 "세골명사화"의 또 하나의 예이다. 그들은 본래 *הַעְעֶלֶת과 *הַעְעֶלֶת가 되어야 하지만, עֲלֶת–와 עֲלֶת–가 세골명사 형태인 עֲלֶת–로 변하면서 그 두 형태 모두 הַעֲלֶת가 되었다.

(1.3) 후크탈 완료형에서는 크탈 완료형에서처럼 두번째 근자음이 중복된다: הֻעַל 그가 불려들여졌다(단 5:13); הֻעַלּוּ 그들이 불려들어졌다(단 5:15).

(1.4) 강세는 장모음으로 끝나는 경우와 세골 명사화가 일어난 경우를 제외하고 마지막 음절에 위치한다.

(2) 미완료형

성.인칭	접미어	크탈(G)	하크텔(H)
3 남단	y-/없음	יֶעַל	יְהַעֵל (יַעֵל)
3 여단	t-/없음	תֶּעַל	תְּהַעֵל
2 남단	t-/없음	תֶּעַל	תְּהַעֵל
2 여단	t-/-īyn	תֶּעֲלִין	תְּהַעֲלִין
1 공단	'-/없음	אֶעַל	אֲהַעֵל
3 남복	y-/-ūwn	יֶעֲלוּן	יְהַעֲלוּן
3 여복	y-/-ān	יֶעֲלָן	יְהַעֲלָן
2 남복	t-/-ūwn	תֶּעֲלוּן	תְּהַעֲלוּן
2 여복	t-/-ān	תֶּעֲלָן	תְּהַעֲלָן
1 공복	n-/없음	נֶעַל	נְהַעֵל

(2.1) 크탈(페알) 미완료형에서 중복되는 것은 두번째 근자음이 아 니라 첫 번째 근자음이다. 어근 עלל의 경우 첫 번째 근자음 이 후음 문자이기 때문에 조금 복잡하게 변형된다. 따라서 3인칭 남성 단수 יֶעַל은 본래 יִעַל이지만 ע이 중복될 수 없기 때문에 앞의 모음 /i/가 그대신 /ē/로 길어진 것이다(보상적 장음화).[1] 크탈 미완료형의 주제 모음인 /ō/는 강세를 잃어 버릴 때 /ŏ/로 바뀐다.

(2.2) 하크텔(하펠) 미완료형의 경우 ע이 실제적으로 중복되기

---

[1] 보통 아람어에서 ע은 보상적 장음화를 일으키지 않지만, עלל의 크탈 미완료형의 경우는 예외적으로 보상적 장음화를 일으킨다. 첫 번째 근자음이 후음 문자가 아닌 아인 중복 동사의 경우에는 크탈 미완료형에서 그것을 중복하면 된다.

때문에 보상적 장음화가 일어나지 않는다(Virtual Doubling):
יְהָעֵל. 첫 번째 근자음이 후음 문자가 아닌 경우는 그것을 중
복하면 된다: (דקק) יְהַדֵּק 그는 부술 것이다.

(3) 명령형, 분사, 부정사

		크탈(G)		하크텔(H)	
명령법	남단	עֵל		הַעֵל (הַנְעֵל)	
	여단	עֵלִי		הַעֵלִי	
	남복	עֵלוּ		הַעֵלוּ	
	여복	עֵלָה		הַעֵלָה	
부정사		מֵעַל		הַעָלָה (הַנְעָלָה)	
		능동	수동	능동	수동
분사	남단	עָלֵל	עֲלִיל	מְהַעֵל (מַעֵל)	מְהַעַל (מַעַל)
	여단	עָלְלָה		מְהַעֲלָה	
	남복	עָלְלִין		מְהַעֲלִין	
	여복	עָלְלָן		מְהַעֲלָן	

(3.1) 크탈(페알) 명령형에서는 두번째 근자음이 중복되고, 하크텔
(하펠) 명령형에서는 첫 번째 근자음이 중복된 것으로 간주된
다. 부정사는 크탈과 하크텔 모두 첫 번째 근자음이 중복된 형
태로 크탈 부정사(מֵעַל)의 경우 보상적 장음화(Compensatory
lengthening)가 일어나고(cf. מִחַן) 하크 텔 부정사의 경우 중
복점 없이 중복된 것으로 간주된다(Virtual Doubling).

(3.2) 크탈(페알) 분사의 자음 철자를 보면 강동사처럼 활용하는
것 같지만 마소라 학자들의 모음을 보면 남성 단수를 제외

한 (어미가 붙는) 형태들은 두번째와 세번째 근자음이 중복된 형태('āll-)를 가진다. 하크텔(하펠) 분사는 첫 번째 근자음이 중복된 형태이다: מְהַדֵּק /מְהַדְּקָה.

(3.3) 아인 중복 동사의 캇텔(파엘)과 하트캇탈(히트파알)은 강동사와 동일하게 활용된다. 또한 샤크텔(샤펠), 폴렐(Polel) 혹은 폴랄(Polal) 어간으로 쓰인 아인 중복 동사도 강동사처럼 활용된다.

15.2. 다음은 성서 아람어 본문에 사용된 아인 중복 동사들이다. 이 책의 마지막에 수록된 사전을 찾아 각 동사들이 성경에서 실제로 어떤 어간으로, 어떤 형태들로 쓰였는지 조사해 보자.

아인 중복 동사	뜻	아인 중복 동사	뜻
גדד	잘라내다	דקק	부수다
כלל	완성하다	עלל	들어오다
טלל	그늘을 가지다	מלל	말하다
חנן	은혜를 베풀다	רעע	부수다

15.3. 샤크텔(샤펠) 어간은 아카드어의 영향으로 아람어에 들어오게 된 사역형 어간으로, 이 어간의 활용은 강동사의 경우 하크텔과 동일하다(cf. שכלל). 다음은 성경에 사용된 샤크텔 어간이다. 이 책의 마지막에 수록된 사전을 활용하여 어간과 용법을 확인하라.

샤크텔 어간	뜻	용법
שכלל	끝내다 완성하다	
שיזב	구원하다	
שיציא	끝내다	

15.4. 불규칙 동사들

아람어	용법
אֲתָה	크탈 오다, 하크텔 데리고 오다, 하크텔 완료형 הַיְתִי, 하크텔 부정사형 הַיְתָיו, 후크탈 소환되다, 완료형 הֵיתָיִו, 완료형 הֵיתָיו.
הֲוָה	~이다. 미완료형의 접두어로 יּ대신 לּ를 사용한다. 이 때 청원의 의미가 있을수 있다(*May it be...!*). לֶהֱוֹן, לֶהֱוֵא.
הלך	가다. 캇텔과 하크텔로 사용된다: מְהַלֵּךּ 돌아다니다; מַהְלְכִין 돌아다니다. 그러나 페알 미완료형과 부정형에서는 다른 어근 הוך를 사용한다. 페알 미완료형 יְהָךּ. 부정사 לִמְהָךּ.
חֲיָה	살다. 하크텔 분사 מַחֵא.
יכל	~할수 있다. 다른 동사의 부정사형과 함께 쓰임. 크탈 완료형은 יְכֵל, יְכֵלְתּ; 분사형은 יָכֵל, יָכְלִין ; 미완료형은 יִכֻל, יוּכַל, תּוּכַל 등으로 활용한다. 같은 뜻을 가진 어근 כהל은 크탈 분사로만 사용된다: כָּהֵל, כָּהֲלִין.
סלק	올라가다. 활용할 때 ס과 לּ이 모음으로 분리되지 않으면 לּ이 ס에 동화된다. 그 결과 ס이 되는데, 이것은 다시 נס으로 이화/비음화 될 수 있다. 성서 아람어에서는 이 현상이 하크텔에서 발생한다. 하크텔 완료 3인칭 남성 복수형은 הַסִּקוּ인데 이것은 הַסְלִקוּ에서 לּ이 ס에 동화된 형태이다. 부정형은 לְהַנְסָקָה인데 이것은 לּ이 ס에 동화된 ס이 נס로 이화된 형태이다.
אֶשְׁתִּי	마시다. 원래 어근은 שתה였으나 크탈 완료형에서는 접두어 א가 첨가된다. 분사와 미완료형에서는 그 접두어가 첨가되지 않는다: 분사형 שָׁתֵה, שָׁתַיִן; 미완료형 יִשְׁתּוֹן.

15.5. 연습문제: 이 책의 부록에 수록된 아람어 사전을 활용하여 다음의 아람어를 우리말로 번역하라.

(1) אֱדַיִן אֲזַל מַלְכָּא לְהֵיכְלֵהּ וּבָת טְוָת וְדַחֲוָן לָא־הַנְעֵל קָדָמוֹהִי וְשִׁנְתֵּהּ

נַדַּת עֲלוֹהִי

(2) חֵיוְתָא רְבִיעָיְתָא הֲוָת אָכְלָה מַדֲּקָה וּשְׁאָרָא בְּרַגְלַיהּ רָפְסָה

(3) וּמַלְכוּ רְבִיעָיָה תֶּהֱוֵא תַקִּיפָה כְּפַרְזְלָא כָּל־קֳבֵל דִּי פַרְזְלָא מְהַדֵּק

וְחָשֵׁל כֹּלָּא וּכְפַרְזְלָא דִּי מְרָעַע כָּל־אִלֵּין תַּדִּק וְתֵרֹעַ

(4) וַחֲטָיָךְ בְּצִדְקָה פְרֻק וַעֲוָיָתָךְ בְּמִחַן עֲנָיִן הֵן תֶּהֱוֵא אַרְכָה לִשְׁלֵוְתָךְ

(5) עָפְיֵהּ שַׁפִּיר וְאִנְבֵּהּ שַׂגִּיא וּמָזוֹן לְכֹלָּא־בֵהּ תְּחֹתוֹהִי תַּטְלֵל חֵיוַת בָּרָא

(6) קָרֵא מַלְכָּא בְּחַיִל לְהֶעָלָה לְאָשְׁפַיָּא כַּשְׂדָּיֵא וְגָזְרַיָּא

(7) כְּעַן יְדִיעַ לֶהֱוֵא לְמַלְכָּא דִּי הֵן קִרְיְתָא דָךְ תִּתְבְּנֵא וְשׁוּרַיָּה יִשְׁתַּכְלְלוּן

מִנְדָּה־בְלוֹ וַהֲלָךְ לָא יִנְתְּנוּן וְאַפְּתֹם מַלְכִים תְּהַנְזִק

(8) מְשֵׁיזִב וּמַצִּל וְעָבֵד אָתִין וְתִמְהִין בִּשְׁמַיָּא וּבְאַרְעָא דִּי שֵׁיזִב לְדָנִיֵּאל

מִן־יַד אַרְיָוָתָא

(9) חָזֵה הֲוֵית וְקַרְנָא דִכֵּן עָבְדָה קְרָב עִם־קַדִּישִׁין וְיָכְלָה לְהוֹן

(10) בֵּאדַיִן הַיְתִיו מָאנֵי דַהֲבָא דִּי הַנְפִּקוּ מִן־הֵיכְלָא דִּי בֵית אֱלָהָא דִּי

בִירוּשְׁלֶם וְאִשְׁתִּיו בְּהוֹן מַלְכָּא וְרַבְרְבָנוֹהִי

제16과
동사에 붙는 대명 접미사

16.1. 성서 아람어에서 동사의 목적어로 사용되는 대명사는 3인칭 복수를 제외하고 모두 동사 어간에 붙는 접미사로 표시된다. 이처럼 목적어를 나타내는 대명 접미사는 동사의 완료형과 미완료형, 명령형뿐 아니라 부정사에도 첨가될 수 있다. 단 3인칭 복수는 접미사로서가 아니라 독립 인칭 대명사(הִמּוֹן, הִמּוֹ)로 동사의 직접 목적어가 된다. 동사에 붙는 대명 접미사는 직접 목적어 혹은 간접 목적어로서 기능할 뿐 재귀적 목적어로서는 기능하지 않는다.

16.2. 완료형에 붙는 대명 접미사

인칭	단수 명사에 붙는 대명 접미사	완료형에 붙는 대명 접미사	비고
1 공단	-$\bar{\imath}^y$	-$an\bar{\imath}^y$	자음 다음에(3남단/2남단/1공단 완료형과 결합할 때)
		-$n\bar{\imath}^y$	모음 다음에(3남복 완료형과 명령형과 결합할 때)
2 남단	-$\bar{a}k$	-$\bar{a}k$	3남단/2남단/1공단 완료형과 결합할 때
		-k	3남복 완료형과 결합할 때
2 여단	-$\bar{e}k\bar{\imath}^y$	-$k\bar{\imath}^y$	성서 아람어에서는 증거되지 않음.

3 남단	-ēh	-ēh	3남단/2남단/1공단 완료형과 결합할 때
		-hī^y	3남복 완료형과 결합할 때
3 여단	-ah	-ah	3남단/2남단/1공단 완료형과 결합할 때
		-h	3남복 완료형과 결합할 때
2 남복	-əkōm/(kō^{w}n)	-kō^{w}n	성서 아람어에서는 증거되지 않음.
2 여복	-əkēn	-kēn	성서 아람어에서는 증거되지 않음.
1공복	-anā'	-enā' (-enāh)	3남단/2남단/1공단 완료형과 결합할 때
		-nā' (-nāh)	3남복 완료형과 결합할 때

완료형 동사에 대명 접미사를 붙이는 대충의 법칙은 위의 표에 따라 알맞는 대명사를 붙인 후, 새롭게 형성된 음운 환경에 맞추어 기존의 모음들을 수정하는 것이다.

예를 들어 **ידע**의 하크텔(하펠) 2인칭 단수 동사에 1인칭 공성 단수 대명 접미사를 첨가하여 "네가 나에게 알려주었다"라는 아람어 동사를 만들면 다음과 같다 : **הוֹדַעְתַּנִי ← הוֹדַעְתְּ** + **נִי**‑. 또한 **סתר**의 크탈 3인칭 남성 단수 완료형에 3인칭 남성 단수 대명접미사를 붙여 "그가 그것을 파괴하였다"라는 동사를 만들어 보자. **סְתַר**("그가 파괴하였다")는 자음으로 끝나므로 여기에 붙는 3인칭 남성 단수 대명 접미사는 삽입모음 /ē/를 가진 /ēh/가 된다. 따라서 이 둘을 기계적으로 붙여보면 ***סְתַרֵה**가 되는데, 이것은 아람어 음운 법칙과 맞지 않다. 강세가 마지막 음절에 있기 때문에, 그 앞의 난모음 /a/는 /ə/로 축약되어야 하고, **ס**아래의 쉐바는 원래 단모음인 /a/로 변한다(쉐바의 법칙). 따라서 최종 형태는 **סַתְרֵה**가 된다.

16.3. 다음은 성서 아람어에 증거된 형태들이다.

대명사	완료형				명령형	
	3 남단	2 남단	1 공단	3 남복	2 남단	2 남복
1 공단 (나를)		הוֹדַעְתַּנִי		חַבְּלוּהִי	הַעֵלְנִי	הַחֲזוֹנִי
2 남단 (너를)	הוֹדְעָךְ הַשְׁלְטָךְ					
3 남단 (그를)	סַתְרֵהּ שָׂמֵהּ הַשְׁלְטֵהּ הֲקִימֵהּ בְּנָהִי שַׁכְלְלֵהּ			הַקְרְבוּהִי שַׁנּוֹהִי		חַבְּלוּהִי
3 여단 (그녀를)	חַתְמַהּ הַשְׁלְמַהּ		בֶּנְיְתַהּ			
1 공복 (우리를)		הוֹדַעְתֶּנָא		הֵתִיבוּנָא		

16.4. 미완료형에 대명 접미사가 붙을 때에는 /-inn-/ 혹은 /-unn-/이 미완료형 어간과 접미사 사이에 삽입된다. 이처럼 미완료 어간과 접미사 사이에 삽입되는 n을 눈 에네르기쿰(Nun energicum) 이라 부른다. 눈 에네르기쿰이 음절을 닫을 경우(2인칭 남녀 복수 대명 접미사)는 중복되지 않는다. 3인칭 남성 복수와 2인칭 남성 복수 미완료형의 경우 마지막 근자음 다음에 /unn-/이 삽입된다. 접 미어가 없는 3인칭 남녀 단수, 2인칭 남성 단수, 1인칭 공성 단복수 는 마지막 근자음 다음에 /inn-/이 삽입된 후 접미어가 붙는다. 대 명접미사가 동사의 지시법(Jussive)이나 명령형에 붙을 때는 눈 에네 르기쿰이 삽입되지 않는다.

16.5. 다음은 성서 아람어에 증거된 대명접미사가 붙은 미완료형들이다.

대명사	3 남단 동사	3 여단 동사	1 공단 동사	3 남복 동사	2 남복 동사
1 남단	יְדַחֲלִנַּנִי יְהוֹדְעִנַּנִי יְהַוּנַּנִי			יְהוֹדְעֻנַּנִי יְבַהֲלוּנַּנִי	תְּהוֹדְעֻנַּנִי תְּהַחֲוֻנַּנִי
2 남단	יְשֵׁיזְבִנָּךְ יְבַהֲלָךְ			יְבַהֲלוּךְ	
3 남단			אֲהוֹדְעִנֵּהּ	יְשַׁמְּשׁוּנֵּהּ יְבַהֲלוּנֵּהּ יְטַעֲמוּנֵּהּ	
3 여단	יִתְּנִנַּהּ יְחַוִּנַּהּ	תְּדוּשִׁנַּהּ תַּדְּקִנַּהּ			
2 남복	יִשְׁאֲלֶנְכוֹן יְשֵׁיזְבִנְכוֹן				

16.6. 다음의 어휘를 익혀라

아람어	뜻	아람어	뜻
בְּרַךְ	축복하다, 무릎 꿇다	זְבַן	사다, 얻다
שְׁבַק	떠나다, 남기다	זְהַר	경고하다
תְּקֵף	강해지다	זְעַק	소리지르다
טְרַד	쫓아내다	טְאֵב	좋다
נְזַק	성처나다, 다치다	מְרַט	뽑아 내다
כְּנַשׁ	모으다	נְגַד	흐르다
לְבֵשׁ	옷 입다	פְּלַג	나누다
שְׁחַת	타락시키다	פְּרַס	둘로 나뉘다

16.7. 연습문제: 이 책의 부록에 수록된 아람어 사전을 활용하여
다음의 아람어를 우리말로 번역하라.

(1) וּכְנֵמָא פִתְגָמָא הֲתִיבוּנָא לְמֵאמַר אֲנַחְנָא הִמּוֹ עַבְדוֹהִי דִי־אֱלָהּ שְׁמַיָּא
וְאַרְעָא

(2) חָכְמְתָא וּגְבוּרְתָא יְהַבְתְּ לִי וּכְעַן הוֹדַעְתַּנִי דִי־בְעֵינָא מִנָּךְ דִּי־מִלַּת
מַלְכָּא הוֹדַעְתֶּנָא

(3) אֱלָהִי שְׁלַח מַלְאֲכֵהּ וּסֲגַר פֻּם אַרְיָוָתָא וְלָא חַבְּלוּנִי כָּל־קֳבֵל דִּי קָדָמוֹהִי
זָכוּ הִשְׁתְּכַחַת לִי

(4) יְהַב אֱלָהּ הִמּוֹ בְּיַד נְבוּכַדְנֶצַּר מֶלֶךְ־בָּבֶל דִּי בַיְתָה דְנָה סַתְרֵהּ וְעַמָּה
הַגְלִי לְבָבֶל

(5) דְּנָה פְּשַׁר־מִלְּתָא מְנֵא מְנָה־אֱלָהָא מַלְכוּתָךְ וְהַשְׁלְמַהּ

(6) חֵלֶם חֲזֵית וִידַחֲלִנַּנִי וְהַרְהֹרִין עַל־מִשְׁכְּבִי וְחֶזְוֵי רֵאשִׁי יְבַהֲלֻנַּנִי

(7) קִרְבֵת עַל־חַד מִן־קָאֲמַיָּא וְיַצִּיבָא אֶבְעֵא־מִנֵּהּ עַל־כָּל־דְּנָה וַאֲמַר־לִי
וּפְשַׁר מִלַּיָּא יְהוֹדְעִנַּנִי

(8) כָּל־דִּי יִשְׁאֲלֶנְכוֹן עֶזְרָא כָהֲנָה סָפַר דָּתָא דִי־אֱלָהּ שְׁמַיָּא אָסְפַּרְנָא
יִתְעֲבֵד

(9) עָנֵה מַלְכָּא וְאָמַר לְדָנִיֵּאל אֱלָהָךְ דִּי אַנְתְּ פָּלַח־לֵהּ בִּתְדִירָא הוּא
יְשֵׁיזְבִנָּךְ

(10) נְהַר דִּי נוּר נָגֵד וְנָפֵק מִן־קֳדָמוֹהִי אֶלֶף אַלְפִין יְשַׁמְּשׁוּנֵהּ

제17과
수사와 불규칙 명사

17.1. 기수(Cardinals): 1-10까지의 기수들은 성(남녀)과 상태(절대형, 연계형, 강조형)에 따라 곡용하지만 수에 따라 곡용하지는 않는다. 아래에 나열된 1-10까지의 숫자는 절대형이고 "남성형"은 남성 명사를 수식하는 숫자들이고 "여성형"은 여성 명사들을 수식하는 숫자들이다. 여기에서 분명해지는 것처럼 3-10까지의 기수의 형태와 수식받는 명사 사이에는 성의 불일치가 있다. 여성형 숫자가 남성 명사를 수식하고, 남성형 숫자가 여성 명사를 수식한다(Chiastic Concord).

기수	남성형	여성형
하나	חַד	חֲדָה
둘	תְּרֵין*	תַּרְתֵּין
셋	תְּלָתָה	תְּלָת
넷	אַרְבְּעָה	אַרְבַּע
다섯	חַמְשָׁה*	חֲמֵשׁ*
여섯	שִׁתָּה	שֵׁת (שֵׁת)
일곱	שִׁבְעָה	שְׁבַע
여덟	תְּמָנְיָה*	תְּמָנֶה*
아홉	תִּשְׁעָה	תְּשַׁע
열	עֲשָׂרָה	עֲשַׂר

(1) "하나"는 형용사와 마찬가지로 언제나 명사 뒤에서 수식한다 (예: אִגְּרָה חֲדָה 한 편지). 이 때 "어떤"의 의미도 가질 수 있다. "하나"는 다음과 같이 명사처럼 쓰이기도 한다: חַד מִנְּהוֹן 그들 중 하나.

(2) 이 기수들은 드물기는 하지만 연계형도 가진다. "둘"의 연계형은 תַּרְתֵּי / תְּרֵי이다. 나머지 기수들의 연계형은 여성 절대형 어미 /-āʰ/로 끝나는 기수의 경우 여성 연계형 /-at/를 가지며, 남성형 어미로 끝나는 기수의 연계형은 절대형과 동일하다. שִׁבְעַת יָעֲטוֹהִי 그의 일곱 조언자들(단 4:13).

(3) "하나"를 제외한 기수들이 명사를 꾸밀 때는 명사 앞이나 뒤에 올 수 있다. 이 때 명사는 복수형이 되어야 한다: שִׁבְעָה עִדָּנִין 일곱 시대들(단 4:13).

(4) 숫자 20, 30, 40, 50, 60, 70, 80, 90은 곡용하지 않으며, 모두 남성 복수형 어미 /īʸn/을 가진다. 이 숫자들의 형태는 20을 제외하면 해당 기수들의 복수형과 같다. 예를 들어 30(תְּלָתִין)은 3(תְּלָת)의 복수형이다. 또한 60(שִׁתִּין)은 6(שֵׁת)의 복수형이다. 그러나 20은 2의 복수형이 아니라 10의 복수형이다: עֶשְׂרִין.

(5) 100은 여성 명사 מֵאָה이고 1000은 남성 명사 אֲלַף이다. 이 둘은 수와 상태에 따라 곡용하며, 3-9까지의 기수와 더불어 300, 3000, 400, 4000 등을 만든다: תְּלָת מְאָה 삼 백. 그러나 200은 מָאתַיִן으로 100의 쌍수형태이다.

17.2. 서수(Ordinal Numbers): 1-10까지의 서수는 "첫 번째"를 제외하고 기수와 같은 어근으로 되어 있다. 3-10까지의 서수는 두번째 근자음과 세번째 근자음 사이에 모음 /īʸ/가 위치하고, 마지막 근자음에는 /āy/가 붙는 특징이 있다. 서수들은 모두 형용사들이므

로 성, 수, 상태에 따라 곡용한다. 10 이상의 서수들은 기수들과 형태가 동일하다.

서수	남성형	여성형
첫 번째	קַדְמָי (קַדְמָי)	קַדְמָיָה (קַדְמָיתָה)
두 번째	תִּנְיָן	תִּנְיָנָה
세 번째	תְּלִיתִי	תְּלִיתָיָה
네 번째	רְבִיעִי (רְבִיעָיא)	רְבִיעָיָה (רְבִיעָיתָא)

(1) "~배"의 표현은 "하나"의 남성형과 다른 숫자의 여성형을 연계 구문으로 만들어 표현한다. 예를 들어 "일곱 배"는 חַד שִׁבְעָה(단 3:19)이다.

(2) 1/2은 פְּלַג이며, תַּלְתָּא 혹은 תַּלְתִּי는 1/3에 해당한다.

(3) "두번째"에 어미 /ū^wt/을 첨가하면 "두번째로" 혹은 "다시"의 의미를 가진 부사가 된다: תִּנְיָנוּת.

(4) 통치 년수나 특정한 달의 날은 שְׁנַת과 יוֹם 다음에 기수를 써서 표현한다. שְׁנַת שֵׁת לְמַלְכוּת 통치 제 6년에... יוֹם תְּלָתָה לִירַח אֲדָר 아달 달 제 3일에...

(5) 나이를 표시할 때는 "...년(years)의 아들"로 표현한다. כְּבַר שְׁנִין שִׁתִּין וְתַרְתֵּין 약 62살

17.3. 불규칙 명사들

(1) 단수에서는 남성명사 같이 보이지만 복수에서는 여성형 어미를 취하는 여성명사들: אֶצְבַּע / אֶצְבְּעָן 손가락. אֹרַח / אָרְחָן 길

(2) 단수에서는 여성 명사 형태이지만 복수에서는 남성 명사 어미를 취하는 여성명사들: מִלָּה / מִלִּין 밀씀 , שְׁנָה / שְׁנִין 해, 년; אֻמָּה / אֻמִּין 국가, 민족 ; כַּוָּה / כַּוִּין 창 ; אַמָּה / אַמִּין 규빗 ; חִנְטָה / חִנְטִין 밀.

(3) 다음은 불규칙으로 곡용하는 명사, 형용사들이다.

불규칙	설명
אַב	아버지. 단수형에 대명 접미사를 붙일 때 1인칭 단수 대명사를 제외하고 삽입 모음 /ūʷ/를 가진다: אַבִי 나의 아버지 אֲבוּךְ 너의 아버지, אֲבוּהִי 그의 아버지. 복수형은 ה가 첨가된 여성형 어미를 가진다: אֲבָהָן 아버지들, אֲבָהָתִי 나의 아버지들, אֲבָהָתָךְ 너의 아버지들, אֲבָהָתַנָא 우리의 아버지들.
אָח	형제. 단수형에 대명 접미사를 붙일 때, אַב와 동일하게 곡용한다. 복수형은 אַחִין으로 ח가 중복점 없이 중복된 형태이다(’aḥḥiʾn). אֶחָיךְ 너의 형제들.
אַנְתָּה	여자, 아내. 복수형은 다른 어간에서 유래한다. נְשִׁין 여자들, נְשֵׁיהוֹן 그들의 아내들(단 6:25).
בַּיִת	집. 복수형에 유의하라. בָּתִּין 집들 ; בָּתֵּיכוֹן 그들의 집들.
בַּר	아들. 복수형은 다른 어간을 사용한다: בְּנִין 아들들, בְּנוֹהִי 그의 아들들, בְּנֵיהוֹן 그들의 아들들.
יוֹם	날. 복수형은 יוֹמִין이나 복수 연계형은 יוֹמָת이다. יוֹמָת עָלְמָא 영원의 날들(스 4:15, 19).
כְּנָה	동료. 복수일 때 ו가 첨가되어 여성형 복수 어미가 붙는다. כְּנָו 동료들, כְּנָוָתֵה 그의 동료들, כְּנָוָתְהוֹן 그들의 동료들.
מָרֵא	주인. 이 명사는 마지막 자음이 마치 י인양 곡용한다. 예외는 1인칭 단수 대명 접미사가 붙은 형태이다: מָרְאִי 나의 주인.

נִבְזְבָּה	선물. 대명 접미사가 붙은 복수형에서 여성 복수 어미 ת 앞에 י가 첨가된다. נִבְזְבְיָתָךְ 당신의 선물들(단 5:17).
עַם	백성. 복수형 עַמְמַיָּא 백성들.
פֶּחָה	총독. 단수 연계형은 פַּחַת이며, 복수형에서는 ו가 복수형 어미 앞에 첨가된다. פַּחֲוָתָא 그 총독들.
רֵאשׁ	머리. 대명 접미사가 붙은 복수형에서는 첫 번째 근자음의 모음이 역사적 장음 /ā/이고, 복수 절대형에서는 /ē/이다. רֵאשֵׁיהֹם 그들의 머리들(스 5:10). רֵאשִׁין 머리들(단 7:6).
רַב	큰, 위대한. 복수형일 때 두 근자음들의 중복이 발생한다: רַבְרְבִין / רַבְרְבָן. 이 형용사가 "대장, 총수"의 명사적 의미로 쓰일 때는 명사적 어미를 만드는 접미사 /ān/이 첨가된다: רַבְרְבָנִין 대장들.
שֻׁם	이름. 단수형에 대명 접미사가 붙을 때, 첫 번째 근자음의 모음이 쉐바로 축약된다. שְׁמֵהּ 그의 이름. 복수형에서는 여성형 어미 앞에 ה가 첨가된다. שְׁמָהָן 이름들. שְׁמָהָתְהֹם 그들의 이름들.

17.4. 연습문제: 이 책의 부록에 수록된 아람어 사전을 활용하여
다음의 아람어를 우리말로 번역하라.

(1) וְהַקְרִבוּ לַחֲנֻכַּת בֵּית־אֱלָהָא דְנָה מְאָה דִכְרִין מָאתַיִן אִמְּרִין אַרְבַּע מְאָה

וּצְפִירֵי עִזִּין לְחַטָּאָה עַל־יִשְׂרָאֵל תְּרֵי־עֲשַׂר לְמִנְיָן שִׁבְטֵי יִשְׂרָאֵל

(2) לִקְצָת יַרְחִין תְּרֵי־עֲשַׂר עַל־הֵיכַל מַלְכוּתָא דִּי בְבָבֶל מְהַלֵּךְ הֲוָה

(3) בְּרַם בִּשְׁנַת חֲדָה לְכוֹרֶשׁ מַלְכָּא דִּי בָבֶל כּוֹרֶשׁ מַלְכָּא שָׂם טְעֵם בֵּית־
אֱלָהָא דְנָה לִבְּנֵא

(4) בַּיְתָא יִתְבְּנֵא אֲתַר דִּי־דָבְחִין דִּבְהִין וְאֻשּׁוֹהִי מְסוֹבְלִין רוּמֵהּ אַמִּין שִׁתִּין
פְּתָיֵהּ אַמִּין שִׁתִּין

(5) וְשִׁבְעָה עִדָּנִין יַחְלְפוּן עֲלָךְ עַד דִּי־תִנְדַּע דִּי־שַׁלִּיט עִלָּאָה בְּמַלְכוּת
אֲנָשָׁא וּלְמַן־דִּי יִצְבֵּא יִתְּנִנַּהּ

(6) דָּנִיֵּאל דִּי מִן־בְּנֵי גָלוּתָא דִּי יְהוּד לָא־שָׂם עֲלָךְ וְעַל־אֶסָרָא דִּי רְשַׁמְתָּא
וְזִמְנִין תְּלָתָה בְּיוֹמָא בָּעֵא בָּעוּתֵהּ

(7) לָהֵן מִן־דִּי הַרְגִּזוּ אֲבָהֲתַנָא לֶאֱלָהּ שְׁמַיָּא יְהַב הִמּוֹ בְּיַד נְבוּכַדְנֶצַּר מֶלֶךְ־
בָּבֶל

(8) אֱדַיִן כְּמָרְנָא לְהֹם מַן־אִנּוּן שְׁמָהָת גֻּבְרַיָּא דִּי־דְנָה בִּנְיָנָא בָּנַיִן

(9) כְּעַן תַּתְּנַי פַּחַת עֲבַר־נַהֲרָה שְׁתַר בּוֹזְנַי וּכְנָוָתְהוֹן דִּי בַּעֲבַר נַהֲרָה
רַחִיקִין הֲווֹ מִן־תַּמָּה

(10) חָזֵה הֲוֵית וַאֲרוּ אָחֳרִי כִּנְמַר וְלַהּ גַּפִּין אַרְבַּע דִּי־עוֹף עַל־גַּבַּהּ וְאַרְבְּעָה
רֵאשִׁין לְחֵיוְתָא

제18과
구문법칙(syntax)

18.1. 아람어에서는 동사가 성, 수, 인칭에 따라 활용하기 때문에 주어 없이 동사 하나로 문장을 형성할 수 있다. 주어가 표시될 때에는 주어와 동사가 성과 수에 있어 일치해야 한다. 만약 복수 동사의 주어가 혼성이라면 동사는 남성 복수형을 사용한다. 드물기는 하지만 단수 동사가 복수 명사를 주어로 취하거나, 남성 동사가 여성 주어를 취하기도 하는데, 이런 주술 불일치는 주어가 술어에 후속하는 경우에 더욱 자주 발생한다. 주어가 술어에 선행하는 경우에는 그런 주술 간의 불일치가 거의 없다.

18.2. 동사의 직접 목적어는 고대 아람어에서는 אית* 를 사용해 표시했으나 성서 아람어에서는 ית를 사용한다. 아울러 전치사 ל이 직접 목적어를 표시하기도 한다. 대명사가 직접 목적어로 사용될 때는 3인칭 복수를 제외하고 동사에 접미사의 형태로 붙는다. 문맥상 분명한 경우에는 직접 목적어를 생략할 수 있다.

18.3. 간접 목적어는 전치사 ל을 사용한다. 그 전치사가 직접 목적어를 표시할 수도 있으므로 언제나 모호성이 존재한다. 문맥상 분명한 경우 간접 목적어를 생략할 수 있다.

18.4. 명사나 형용사의 절대형이 부사처럼 사용되기도 한다.

18.5. 아람어에서 주절과 종속절은 구문법칙에 있어 차이가 없다. 종속절은 종속 접속사에 의해 표시되기도 하지만, 반드시 그런 것은 아니다. 종속절이 때때로 대등 접속사 ו에 의해 이끌린다. 이

경우 종속절과 주절과의 관계를 문맥에 의존해 파악해야 한다. 또한 종속절이 종속 접속사에 의해 표시된 경우라도 주절과 **ן**로 연결되는 경우 어디서부터 주절이 시작되는지를 문맥을 통해 살펴야 한다. 대표적인 예가 조건문이다. 조건문에서 일반적으로 조건절은 הֵן과 같은 단어로 시작하지만 주절과 조건절이 대등 접속사 **ן**로 이어지는 경우가 많다. 이 경우 어디서부터 주절이 시작하는지를 문맥을 통해 파악해야 한다.

예) הֵן כֵּן עֲבַדְתְּ ...וְצִדְקָה יְהֵוֵה לָךְ 당신이 이렇게 하면...너는 의로움을 가질 것이다.

주절과 종속절이 대등 접속사 **ן**로 연결되어 문맥으로 그 관계를 파악해야 하는 또 하나의 예가 관용적 동사 병치법(Verbal Hendiadys)이다. 이 구문에서 첫 번째 동사는 두번째 동사와 대등한 동작을 표현하는 것이 아니라 두번째 동작을 수식한다. 번역할 때는 보통 부사적으로 해석한다.

예) אֶסְגִי וּקְרָא לְהוֹן 그는 그들에게 계속 소리 질렀다.

위 아람어 문장을 직역하면 "그는 커졌다. 그리고 그는 그들에게 소리질렀다."이다. 첫 번째 동사 "그는 커졌다"(אֶסְגִי)는 "소리질렀다"와 독립적인 동작이 아니라 두번째 동사를 부연한다.

18.6. 어순: 아람어 문장에는 엄격한 어순이 없으나 가장 일반적인 어순은 '동사-주어-직접목적어-간접 목적어'이다. 종종 간접 목적어는 주어 앞에 위치하기도 한다. 성서 아람어를 포함한 제국/표준 아람어에서는 아카드어의 영향으로 동사가 마지막에 오기도 한다. 부사나 부사구는 직접 목적어와 간접 목적어 다음에 위치한다. 부정어, 의문사, 접속사는 문장의 맨 처음에 위치한다.

18.7. 부정사의 용법: 부정사는 동사의 특징과 명사적 특징을 동시에 가진다. 동사로서 부정사는 자신의 목적어와 부사를 취할 수

있으며 명사로서 부정사는 동사의 목적어나 부사로 사용된다. 명사로서 부정사가 동사의 목적어나 부사로 사용될 때 보통 전치사 לְ을 취한다.

18.8. 소유 표현 구문: 아람어에서 **אִיתַי** 혹은 הוה 동사가 전치사 לְ와 함께 쓰이면 소유의 의미를 나타낸다. 소유주는 전치사 לְ의 목적어의 형태로 표시되며, 소유물은 동사의 주어로 표현된다.

예) הֲוָה לִי כְּסַף 나는 은을 가지고 있다.

18.9. 비교 구문: 아람어 형용사에는 비교급 형태가 존재하지 않으므로 비교 구문을 표현하기 위해서는 형용사를 전치사 מִן("-보다")과 함께 사용한다.

예) טָב עַבְדָּא מִן מַלְכָּא 그 종은 그 왕보다 선하다

18.10. 비인칭 문장: 아람어에서 수동의 의미를 표시하기 위해 3인칭 남성 복수 동사를 사용한다. 이 때 주어는 문맥상 특정 인물들을 지칭하는 것이 아니다.

예) לָךְ טָרְדִין מִן אֲנָשָׁא 그들이 너를 인류로부터 추방할 것이다 → 너는 인류로부터 추방될 것이다.

18.11. 어휘

아람어	뜻	아람어	뜻
כֻּרְסֵא	의자, 보좌	קַדְמָי	첫 번째
לְחֵנָה	첩	קְטַר	매듭, 연결
מְלַח	소금, 녹	קְצָת	끝
מְנֵא	므나	שָׁכְלְתָנוּ	통찰
מַתְּנָא	선물	שְׂעַר	머리

נִשְׁתְּוָן	편지	שׁוּר	벽, 적
בָּעוּ	청원	שֵׁן	이, 상아
עֶזְרָא	에스라	שֹׁרֶשׁ	뿌리
עִיר	도시	תִּמַהּ	이적, 경이로운 일
עֵלָּה	문제, 일	עַתִּיק	오래된, 옛
עֳפִי	나뭇잎	פַּרְשֶׁגֶן	사본
עִקַּר	뿌리, 줄기	צַוַּאר	목

제19과
독해 다니엘 2:4b-10

단 2:4b

מַלְכָּא לְעָלְמִין חֱיִי אֱמַר חֶלְמָא (לְעַבְדָיִךְ) [לְעַבְדָךְ] וּפִשְׁרָא נְחַוֵּא׃

해석: (갈대아인들이 왕에게 아람어로 대답했다:) 왕이여 오래 사 소서. 꿈을 당신의 종들에게 말씀하소서. 그러면 그 해석을 우리가 말씀드리겠습니다.

성서 아람어를 읽을 때 가장 먼저 해야 할 것이 의미 단락을 구분 하는 일이다. *BHS*로 성경을 읽는 학생들은 이미 장과 절 구분이 된 본문을 읽게 되므로 큰 도움을 이미 얻고 원문과 만나는 것이다. 한 절 안의 단락 구분도 맛소라 학자들의 악센트 표시를 잘 살피면 쉽 게 가능하다. 한 절을 두개의 단락으로 나누는 악센트는 ַ(아트나 흐 *atnaḥ*)이다. 아트나흐로 구분된 의미단락을 더 세분하는 것들이 ֘(세골타 *segoltå*), ֔(자케프 *zaqef*), ֗(르비아 *rvia'*)이다. 따라 서 아람어 본문을 읽는 학생들은 맛소라 학자들이 제안한 단락 구분 을 염두에 두면 본문을 더 쉽게 이해할 수 있을 것이다.

단 2:4은 히브리어 부분과 아람어 부분으로 나뉘는데, 히브리어 부분의 마지막 단어인 **אֲרָמִית**에 아트나흐가 붙어 있고, 아람어 부분 은 자케프로 다시 두 부분으로 나뉜다.

단어 형태 분석

מַלְכָּא	/-ā'/로 끝나는 것으로 보아 남성 단수 결정형이다. מֶלֶךְ 왕

לְעָלְמִין	/-īn/로 끝나는 것으로 보아 남성 복수 절대형이다. לְ 는 전치사이다. עָלַם 영원. 전치사의 의미를 넣어 해석하면, 영원히
חֱיִי	III-א/ה 동사의 크탈 명령형 (12.4. 참조). חיה 살다. III-א/ה 동사의 크탈 명령형은 첫 번째 근자음이 쉐바로 축소되고 두번째 근자음이 /ī/을 가진다. ח 밑에 하텝-세골이 온 것은 단순 쉐바보다 복합 쉐바를 취하는 후음 문자의 성격 때문이다.

구문 분석

"왕"의 결정형이 명령문 구문에서 호격으로 쓰였다(5.6. 참조). 전치사구 + 동사. (해석: 왕이여 오래 사소서).

단어 형태 분석

אֱמַר	이것이 동사라면 3인칭 남성 단수 완료형 아니면 남성 단수 명령형인데 I-א 동사의 크탈 완료형에서 א가 쉐바를 취할 경우 하텝-파타흐를 취한다. 13.6.(1) 참조. 반면 크탈 명령형은 주제 모음이 /a/일 때, א는 /ĕ/를 취한다. 13.6.(3) 참조. 따라서 본 단어는 크탈 명령형 남성 단수형이다. אמר 말하다.
חֶלְמָא	접미사 /-ā'/로 보아, 남성 단수 결정형 명사임을 알 수 있다. חֵלֶם 꿈
לְעַבְדָיִךְ	/ayik/로 끝나는 것으로 보아 남성 명사 복수형에 붙은 2 인칭 남성 단수 대명사임을 알 수 있다. 8.3. 참조. לְ 는 전치사. עֲבַד 종

구문 분석

동사 + 직접목적어 + 간접 목적어로 되었다. 매우 표준적인 어순이다. 18.6. 참조. (해석: 당신의 종들에게 꿈을 말씀하소서)

단어 형태 분석

וּפִשְׁרָא	접미어 /-ā'/를 보니 남성 단수 결정형 명사다. 대등 접속사 וּ가 명사 앞에 있다. פְּשַׁר 해석
נְחַוֵּא	두번째 근자음의 중복과 모음 패턴(yəqaṭṭēl)으로 보아 캇텔 미완료형 동사이다. 접두어가 נ이므로 1인칭 복수 활용이다. 12.3. 참조. חוא 고하다, 말하다.

구문 분석: 접속사 + 직접목적어 + 동사. 직접 목적어가 동사 앞에 나온 어순은 그 직접 목적어를 강조한 어순이다. "그 해석"이 여기서 강세를 받는다. 문맥상 그 해석은 꿈 해석이 분명하다. 이처럼 아람어에서는 문맥상 분명한 경우 결정형이 대명접미사가 붙은 형태를 대신한다. בְּרָא 그 아들 → 내 아들. (해석: 그러면 우리가 그 해석을 알려드릴 것입니다.)

단 2:5

עָנֵה מַלְכָּא וְאָמַר (לְכַשְׂדָּיֵא) [לְכַשְׂדָּאֵי] מִלְּתָא מִנִּי אַזְדָּא הֵן לָא תְהוֹדְעוּנַּנִי חֶלְמָא וּפִשְׁרֵהּ הַדָּמִין תִּתְעַבְדוּן וּבָתֵּיכוֹן נְוָלִי יִתְּשָׂמוּן:

해석: 그 왕이 대답하여 갈대아인들에게 말했다: 나로부터의 말이 확실하다. 만약 너희가 나에게 그 꿈과 그것의 해석을 말해주지 않으면 너희들은 산사조각이 될 것이며, 너의 집들은 폐허가 될 것이다.

단어 형태 분석

עָנֵה	크탈 분사. 남성 단수. 12.6. 참조. ענה 대답하다

וֶאָמַר	크탈 분사. 남성 단수. 후음 문자로 끝나는 폐음절에 위치한 /i/ 혹은 /ē/은 /a/로 변한다. 13.1.(1) 참조. אמר 말하다
לְכַשְׂדָּיֵא	/āyē'/어미는 이것이 민족을 나타내는 명사의 복수 결정형임을 알려준다. 5.7. 참조. לְ은 전치사다. כַּשְׂדָּי 갈대아인
מִלְּתָא	/-ətā'/ 어미로 보아 여성 단수 결정형 명사임을 알 수 있다. מִלָּה 말씀 17.3.(2) 참조.
מִנִּי	전치사 מִן에 1인칭 단수 대명접미사가 붙은 형태이다. נ이 중복됨에 주목하라. 8.2.(2) 참조.
אַזְדָּא	/ā'/ 어미 때문에 남성 단수 결정형 명사처럼 보이나, 이 경우 이 단어 전체가 페르시아어에서 차용된 부사이다. 확실한, 결정된

구문 분석: 히브리어 내러티브를 이어받는 최초의 내러티브 아람어 동사들이 분사로 되어 있다. 이처럼 아람어 분사는 내러티브의 시제로도 사용된다. 9.7.(3) 참조. ענה...אמר는 직역하면 대답하여 말하다지만 아람어에서는 대화의 문맥이 아닌 경우에도 사용될 수 있다. 이 때 ענה의 의미는 관용적 동사 병치법(Verbal Hendiadys)처럼 다시, 또, 계속해서라는 의미로 사용된다. 18.5. 참조. 그러나 본절에서는 왕이 갈대아인의 말에 대답하는 문맥이다.

왕의 첫 세 마디, **מִלְּתָא מִנִּי אַזְדָּא**는 왕이 공적인 판결이나 선언을 할 때 관용적으로 사용하는 형식어처럼 보인다. 이 말과 함께 그 다음의 내용이 법적인 효력을 가지는 것이다. 즉 이 말의 의미는 개별 단어의 사전적 뜻에 있는 것이 아니라, 그 말이 하는 것에 있다(Performative utterance).

해석: 그 왕이 갈대아인들에게 대답하여 말했다: (다음의) 말이 내게 결정되었다.

단어 형태 분석

הֵן	"만약" 조건 종속절을 이끄는 접속사. 10.4. 참조.
לָא	부정어 "~가 아니다." 모음 /ā/는 역사적 장모음이다. 이것이 히브리어에서는 /ō^w/가 된다.
תְהוֹדְעוּנַּנִי	동사에 붙는 1인칭대명사 נִי와 미완료형에 삽입되는 /-unn-/으로부터 이것이 미완료형 동사에 1인칭 대명접미사가 붙은 복수 동사임을 알 수 있다. 접두어 ת는 2인칭 동사임을 보여준다. הוֹ는 I-י/ו동사의 하크텔 활용에서 특징적으로 나타나는 것(14.3. (3) 참조)이다. יְדַע 알다
וּפִשְׁרֵה	/ēh/로 끝나는 것으로 보아 3인칭 남성 단수 대명 접미사가 붙은 단수 명사이다. 그리고 그 해석

구문 분석

조건 접속사 הֵן이 이끄는 조건문이다. 동사에 붙은 대명접미사는 간접 목적어로 사용되고, 직접 목적어 두개가 동사에 후속한다.

해석: 만약 너희들이 나에게 (나의) 꿈과 그 해석을 알려주지 않는다면,

단어 형태 분석

הַדָּמִין	/i^{y}n/ 어미로 보아 남성 복수 절대형이다. הַדָּם 조각, 지체
תִּתְעַבְדוּן	접두어가 /t/이고 접미어가 /ū^{w}n/인 것으로 보아 2인칭 남성 복수 미완료형 동사임을 알 수 있다. 어근 עֲבַד 만들다, 히디 앞에 תִּת기 있는 것으로 보아 제기형 동사임을 알 수 있다. 두 번째 근자음에 중복점이 없으므로 히트크텔형이다.

וּבָתֵּיכוֹן	/ēᵛkōᵂn/ 어미로 보아 2인칭 남성 복수 대명 접미사가 남성 복수 명사에 붙은 형태이다. 어미를 빼고 남성 복수 어미를 붙이면 בָּתִּין이 되는데, 이것은 בַּיִת의 복수형이다. 17.3.(3) 참조.
נְוָלִי	배설물 더미. 앗시리아 차용어.
יִתְּשָׂמוּן	접두어/접미어 y-/-$ūᵂn$는 이것이 미완료형 3인칭 남성 복수 동사임을 보여준다. יִתְּ에서 תּ에 점이 찍힌 것으로 보아 II-ו/י동사의 재귀형 어간임을 알 수 있다. 14.5.(2) 참조. שִׂים 만들다, 두다

구문 분석: 동사보족어 + 동사 + 대등 접속사 + 주어 + 목적어 + 동사보족어 + 동사. 이 문장은 הֵן이 이끄는 조건절에 대한 주절에 해당한다. 대등 접속사에 의해 두 개의 동사절이 연결되어 있다. 두 개의 동사절에서 동사가 맨 마지막에 위치하는 것은 아카드어의 영향일 수도 있고, 의도적으로 다른 요소들을 강조하기 위함일 수도 있다.

해석: 산산조각들로 그들은 만들어질 것이며, 그들의 집은 배설물 더미가 될 것이다.

단 2:6

וְהֵן חֶלְמָא וּפִשְׁרֵהּ תְּהַחֲוֹן מַתְּנָן וּנְבִזְבָּה וִיקָר שַׂגִּיא תְּקַבְּלוּן מִן־קֳדָמָי לָהֵן חֶלְמָא וּפִשְׁרֵהּ הַחֲוֹנִי׃

해석: 만약 너희가 그 꿈과 그 해석을 말해주면 나로부터 선물과 보상과 큰 명예를 얻을 것이다. 그러므로 그 꿈과 그 해석을 나에게 말하라.

단어 형태 분석

תְּהַחֲוֹן	$t-/-ō^wn$의 접두어/접미어를 보아 III-א/ה동사의 2인칭 남성 복수 미완료형임을 알 수 있다. 12.3. 참조. תְּהַ 접두 어로 보아 하크텔 어간이다. חוה 선언하다, 말하다.
מַתְּנָן	/ān/으로 끝나므로 여성 복수 명사이다. מַתְּנָה 선물
נְבִזְבָּה	페르시아 차용어. 17.3 참조. 보상
וִיקָר	접속사 וְ와 יְקָר가 결합된 *וִיקָר가 쉐바의 법칙에 따라 가 되었다. ק아래에 있는 모음은 역사적 장모음으로 곡용 시 변하지 않음. יְקָר 명예
תְּקַבְּלוּן	$t-/-ū^wn$을 보아 2인칭 복수 남성 미완료형이다. 두번째 근자음이 중복되므로 캇텔이다. קבל 받다.
מִן קֳדָמָי	מִן קֳדָם은 복합 전치사로 ~로부터의 의미이다. קֳדָם은 복 수에 붙는 대명 접미사를 취한다. 8.3. (2) 참조. מ 아래 에 /ay/ 대신 /āy/가 붙은 것은 아트나흐 강세 붙은 휴지형 (pausal form)이기 때문이다.

구문 분석: 접속사 + 목적어 + 동사, 목적어 + 동사 + 동사보족 어. 조건절이다. הֵן이 조건문을 이끌고, 주절은 מַתְּנָן에서 시작한다. 조건문도 동사가 맨 마지막에 위치하고, 주절에서도 목적어가 동사 앞에 위치한다. 이것은 표준적인 아람어 어순과 배치되는 것으로 아 카드어의 영향 혹은 목적어를 강조하기 위한 것이다.

해석: 그러나 너희가 그 꿈과 그 해석을 말하면, 선물과 보상과 큰 명예를 너희들이 나로부터 받을 것이다.

단어 형태 분석

לָהֵן	그러므로

| הַחֲוֹנִי | 1인칭 접미사 נִי로 끝나는 것으로 보아 *הַחֲוֹ는 동사임을 알 수 있다. 접두어 ה로 시작하고 i로 끝나는 것으로 보아 하크텔 남성 복수 명령형임을 알 수 있다. 12.4. 참조. חוה 선언하다, 알려주다. |

구문 분석: 대등 접속사 + 목적어 + 동사.

해석: 그러므로 그 꿈과 그 해석을 나에게 말해 주어라.

단 2:7

עֲנוֹ תִנְיָנוּת וְאָמְרִין מַלְכָּא חֶלְמָא יֵאמַר לְעַבְדוֹהִי וּפִשְׁרָה נְהַחֲוֵה:

단어 형태 분석

עֲנוֹ	III-א/ה 동사 크탈 3인칭 남성 복수형. 12.1. 참조. ענה 대답하다.
תִנְיָנוּת	서수 두번째에 וּת이 붙어 부사가 된 말이다. 17.2.(3) 참조. 두번째로, 다시
וְאָמְרִין	크탈 분사 남성 복수 אמר 말하다.
יֵאמַר	3인칭 남성 단수 크탈 미완료형(간접명령형)인데 א가 묵음화되어 선행 모음 /i/가 /ē/로 길어졌다. 13.6. (2) 참조.
לְעַבְדוֹהִי	/ōʷhīʸ/로 끝나는 것으로 보아 3인칭 남성 단수 대명 접미사가 붙은 복수 명사이다. עבד 종
וּפִשְׁרָה	/āʰ/로 끝났으나 여성형이 아니다. 남성 결정형이다. א가 묵음화되면서 마지막 /ā/에 대한 모음 문자로 ה와 א가 혼용되어 쓰이게 되었다. 5.3. 각주 3. 참조.

| נְהַחֲוֵה | 접두어 נְ로 볼 때 하크텔 미완료형 1인칭 공동 복수형임을 알 수 있다. חוה 말하다, 선언하다. |

구문 분석: 분사 אָמְרִין은 앞의 한정 동사(finite verb)인 עֲנוֹ와 동시적인 행위를 지칭한다. יֵאמַר는 문맥상 미완료의 의미보다 간접명령의 의미가 보다 적절하다. III-א/ה 동사를 제외한 모든 동사의 3인칭 남성 단수의 경우 미완료형과 간접명령형이 동일하다. 따라서 יֵאמַר를 지시법으로 해석해도 무방하다. 그렇다면 구문이 "명령형 + 접속사 + 미완료형"이 되는데 이것은 조건문과 같다: ~해라, 그러면 ~하겠다. → ~하면 ~하겠다.

해석: 그들이 다시 대답하여 말했다. "왕으로 꿈을 그의 종들에게 말씀하게 하십시요. 그러면 우리들이 그 해석을 말씀드리겠습니다."

단 2:8

עָנֵה מַלְכָּא וְאָמַר מִן־יַצִּיב יָדַע אֲנָה דִּי עִדָּנָא אַנְתּוּן זָבְנִין כָּל־קֳבֵל דִּי חֲזֵיתוֹן
דִּי אַזְדָּא מִנִּי מִלְּתָא:

단어 형태 분석

מִן־יַצִּיב	확실히 יַצִּיב 형. 확실한, 신뢰할만한. 대표적 형용사 어간 qaṭṭīyl.
יָדַע	크탈 분사 남성 단수. 세번째 근자음이 후음 문자인 경우 크탈 분사에서 /ē/가 /a/로 변한다. 13.1. (1) 참조.
אֲנָה	1인칭 단수 독립 인칭 대명사. 7.9. 참조. 나.
עִדָּנָא	/ā'/ 어미는 이것이 남성 단수 결정형임을 알게한다. עִדָּן 시간, 기간.
אַנְתּוּן	2인칭 남성 복수 독립 인칭 대명사. 7.9. 참조. 너희들.

זְבְנִין	첫 번째 근자음에 역사적 장모음 /ā/와 남성 복수 어미 /īyn/으로 보아 크탈 분사임을 알 수 있다. זבן 사다.
כָּל־קֳבֵל דִּי	전치사 קֳבֵל ~앞에. 10.5. 참조. 전체는 ~때문에라는 숙어.
חֲזֵיתוֹן	/-ēytūʷn/ 어미는 세번째 근자음이 י/ו인 동사의 2인칭 남성 복수 완료형을 나타내지만, 본문은 ת가 모음 /ōʷ/를 가진다. 다른 사본에서 모음 /ōʷ/를 /ūʷ/로 교체한 것으로 보아, חזה 보다, 알다를 어근으로 한 2인칭 남성 복수 완료형임에 틀림없다.

구문 분석: דִּי의 용법을 구분하는 것이 매우 중요하다. 첫 번째 דִּי는 יְדַע의 목적절을 이끈다. 두번째 דִּי는 전치사구의 일부로 종속절을 이끈다. 세번째 דִּי는 חזה의 목적절을 이끈다.

왕의 말이 ענה...אמר 숙어에 의해 인용되고 있다. 동사가 목적어나 부사보다 뒤에 나오는 어순이 여기서도 반복된다. 동사는 왕이 말하는 시점과 동시에 일어나는 상황을 표현하기 위해 분사들의 형태를 취한다. 크탈 완료형 חֲזֵיתוֹן은 갈대아 사람이 왕의 칙령을 듣고 안 것이 왕의 말하는 시점보다 이전이기 때문에 사용되었다: 너희들이 알았기 때문에…

해석: 왕이 대답하여 말했다. "너희가 (다음과 같은) 내말이 확정되었음을 알았기 때문에 시간을 벌려고 하고 있음을 나는 확실히 안다."

단 2:9

דִּי הֵן־חֶלְמָא לָא תְהוֹדְעֻנַּנִי חֲדָה־הִיא דָתְכוֹן וּמִלָּה כִדְבָה וּשְׁחִיתָה (הַזְמִנְתּוּן) [הִזְדְּמִנְתּוּן] לְמֵאמַר קָדָמַי עַד דִּי עִדָּנָא יִשְׁתַּנֵּא לָהֵן חֶלְמָא אֱמַרוּ לִי וְאִנְדַּע דִּי פִשְׁרֵהּ תְּהַחֲוֻנַּנִי:

단어 형태 분석

תְהוֹדְעֻנַּנִי	2:5의 설명을 참조하라.
חֲדָה-הִיא	/āʰ/ 어미로 보아 기수 하나(חַד)의 여성형이다. 17.1을 참조. הִיא는 3인칭 여성 독립인칭 대명사로 주어와 술어를 연결하는 연결사로 사용되었다. 7.9. 참조.
דָּתְכוֹן	/əkōʷn/ 어미로 보아 2인칭 남성 복수 대명 접미사가 붙은 단수 명사이다. דָּת 판결, 판단.
כִדְבָה	/āʰ/ 어미로 보아 여성형 명사나 형용사이나 앞의 단어가 절대형 מִלָּה이기 때문에 형용사로 보는 것이 낫다. כְּדַב 거짓된. 두번째 근자음 ד은 히브리어에서 ז으로 표기되는 /ḏ/이다. 3.1. 참조. 히브리어 어근 כזב는 거짓말하다를 의미한다.
שְׁחִיתָה	/āʰ/ 어미로 보아 כִדְבָה와 같이 מִלָּה를 꾸며주는 형용사다. 모음패턴으로 보아 형용사적으로 쓰인 크탈 수동 분사이다. 7.7. 참조. שׁחת 타락시키다.
הִזְדְּמִנְתּוּן	이것은 케레(qere)이다. 접두어 הזד와 접미어 תון으로 보아 재귀 어간(히트크텔, 혹은 히트캇탈)의 완료형 2인칭 남성 복수형임을 알 수 있다. 어근은 첫 번째 근자음이 ז이어서 ת와 만났을 때 자위변환(metathesis)과 ת의 유성음화가 동시에 일어나는 것이다. 11.2. 참조. הזדמן은 ~하도록 동의하다를 의미한다. 그러나 히트크텔인지 히트캇텔인지 확실하지 않다. *BHS*의 케레는 히트캇텔로 모음을 붙였고 *JPS Tanak*은 히트크텔로 모음을 붙였다. 마소라 본문(크티브)인 הזממנתון은 하크텔 어간을 가리키며, 문맥상 적합하지 않다.
לְמֵאמַר	전치사 לְ에 크탈 부정사형이 붙었다. 크탈 부정사는 유일하게 מ을 접두어로 가진다. 첫 번째 근자음이 א인 동사는 부정사형에서 א가 묵음화되기 때문에 접두사의 모음이 언제나 /ē/가 된다.

קָדְמַי	내 앞에 2:6에 사용된 휴지형 형태 קָדָמָי와 비교하라.
עַד דִּי	복합 전치사절로 ~할 때까지를 의미한다.
יִשְׁתַּנֵּא	접두어 יִשׁ로 보아 첫 번째 근자음이 שׁ인 어근의 미완료 어간임을 알 수 있다. 두번째 근자임은 נ에 중복점이 있으므로 히트캇탈이다. השתנא 바뀌다.

구문 분석: דִּי는 8절 마지막 단어 מִלְּתָא의 내용을 설명하는 명사 절을 이끈다. 명사절은 דָתְכוֹן에서 끝난다. 명사절은 조건문의 형태 를 가지는데 그것은 הֵן이 이끄는 조건절과 비동사 문장의 주절로 되 어 있다. 여기서 3인칭 여성 단수가 주어와 술어를 연결하는 연결사 로 작용한다. וּמִלָּה부터 나오는 절은 8절의 אַנְתּוּן זָבְנִין의 분사 구문 과 동일한 내러티브 선을 구성한다: 너희들은 시간을 벌고있고...~ 말하기로 작당했다. 부정사는 동사의 의미를 보충하는 의미를 한다.

해석: 너희가 그 꿈을 말해주지 않으면 너의 운명은 단 하나라는 (말이 확정되었음을 너희가 알고 있기 때문에...). 너희는 상황이 변 할 때까지 내 앞에서 거짓되고 사악한 말을 하기로 작당하였구나!

단어 형태 분석

לָהֵן	대등 접속사 그러나, 그러므로.
אֱמַרוּ	첫 번째 근자음이 א인 동사의 크탈 명령형의 주제 모음 에 따라 א의 모음이 결정된다. 주제 모음이 /a/이면 א는 /ĕ/를 취하고, /u/인 경우는 /ă/를 취한다. 13.6. (3) 참 조. אמר 말하다.
וְאִנְדַּע	I-י 동사의 크탈 미완료형에서 י는 נ처럼 후속하는 자음에 동화된다. ידע의 경우 동화 작용후 다시 이화작용이 일어 나 어근에 없는 נ이 첨가된다. 14.3. (1) 참조. א가 접두어 이므로 1인칭 단수 미완료형이다. ידע 알다.

תְּהַחֲוֻנַּנִי	접두어 **תת**로 보아 하크텔 미완료형임을 알 수 있고 / unna/가 대명 접미사 **נִי** 앞에 삽입된 것으로 보아 2인칭 남성 복수형이다. **חוה** 말하다, 선언하다.

구문 분석: 접속사 **לָהֵן**이 그러므로인지 그러나인지 생각해볼 필요가 있다. 명령형 문장이 미완료형 문장과 함께 쓰였으므로 준 조건문이라고 볼 수 있다. 목적어가 명령어를 선행하며, **אַנְדַּע**의 **דִּי**가 이끄는 목적절에서도 목적어가 동사 앞에 위치한다.

해석: 그러나 내게 그 꿈을 말하라. 그러면 너희들이 그 꿈을 나에게 말해줄 수 있다는 것을 내가 알게 될 것이다.

단 2:10

עֲנוֹ (כַשְׂדָיֵא) [כַשְׂדָּאֵי] קֳדָם־מַלְכָּא וְאָמְרִין לָא־אִיתַי אֱנָשׁ עַל־יַבֶּשְׁתָּא דִּי
מִלַּת מַלְכָּא יוּכַל לְהַחֲוָיָה כָּל־קֳבֵל דִּי כָּל־מֶלֶךְ רַב וְשַׁלִּיט מִלָּה כִדְנָה לָא
שְׁאֵל לְכָל־חַרְטֹם וְאָשַׁף וְכַשְׂדָּי:

단어 형태 분석

אִיתַי	존재를 나타내는 기능어. ~가 존재한다. 10.6. (1) 참조.
יַבֶּשְׁתָּא	/ətā'/ 어미로 보아 여성 명사 결정형이다. **יַבֶּשֶׁת** 마른 땅.
מִלַּת	/at/ 어미로 보아 여성 명사 연계형이다. **מִלָּה** 말씀.
יוּכַל	불규칙 동사 **יכל**의 3인칭 단수 미완료형. 할 수 있다. 15.4. 참조.
לְהַחֲוָיָה	동사 **חוה**의 하크텔 부정사. 크틸을 제외한 모든 어간의 부정사는 여성 어미 /āʰ/와 두번째와 세번째 근자음사이의 역사적 장모음 /ā/가 특징이다.

רַב	남성 단수 형용사. 큰.
שַׁלִּיט	남성 단수 명사. 지배자.
כִּדְנָה	전치사 כ에 지시 대명사 דְּנָה가 첨가된 것. 이와 같은/이 10.6. (4) 참조.
שְׁאֵל	크탈 완료형 3인칭 남성 단수. שׁאל은 상태동사의 모음 패턴을 보임. 7.3. 참고.
חַרְטֹם	마술사
אָשַׁף	마법사

구문 분석: 첫 번째 דִי는 אֱנָשׁ를 선행사로 하는 관계사이다. 두번째 דִי는 종속절를 이끈다.

해석: 갈대아인들이 왕 앞에서 대답하여 말했다. "이 땅에서는 왕의 질문에 대답할 사람이 한 사람도 없습니다. 더구나 위대한 왕과 지배자는 이같은 것을 마술사, 마법사, 갈대아인에게 요구하지 않습니다."

제20과
독해 에스라 4:8-16

스 4:8

רְחוּם בְּעֵל-טְעֵם וְשִׁמְשַׁי סָפְרָא כְּתַבוּ אִגְּרָה חֲדָה עַל-יְרוּשְׁלֶם
לְאַרְתַּחְשַׁשְׂתְּא מַלְכָּא כְּנֵמָא:

단어 형태 분석

רְחוּם	사람 이름 과 같은 고유 명사는 곡용하지 않는다. 르훔.
בְּעֵל-טְעֵם	두 명사가 마케프로 연결되어 있는 것으로 보아 연계 구문임을 알 수 있다. בְּעֵל은 연계형, טְעֵם은 절대형일 것이다. 남성 단수 명사의 절대형과 연계형의 형태는 동일하다. 이 연계 구문을 직역하면 판결의 주인이지만 페르시아의 특정 관직을 지칭하는 것 같다. 방백.
וְשִׁמְשַׁי	대등 접속사에 또 하나의 고유명사가 연결되었다. 그리고 심새.
סָפְרָא	/-āʾ/ 어미로 보아 남성 단수 결정형이다. 어미가 붙어도 ס밑의 /ā/가 변하지 않는 것으로 보아 남성 단수 분사형이다. 특히 ר가 마지막 근자음이므로 절대형은 שָׁפַר이다. 13.1 (1) 참조하라. 분사의 명사적 용법은 보통 ~하는 사람으로 해석된다. 서기관.
כְּתַבוּ	접미어 /ūʷ/를 보니 3인칭 남성 복수 완료형 동사임을 알 수 있다. 어간에 사용된 모음들(קְטַלוּ)을 보면 크탈 어간임을 알 수 있다. 그들이 썼다. 7.3. 참조.

אִגַּרְה	/-āʰ/어미로 보아 절대형 여성 명사이다. 편지. 바로 앞의 동사의 직접 목적어가 된다. 이처럼 아람어에서는 특별한 표시없이 명사가 동사의 직접 목적어가 될 수 있다. 7.8. 참조.
חֲדָה	하나. 여성형 명사를 꾸며주는 형태이다. 17.1 참조.
עַל־יְרוּשְׁלֶם	전치사 עַל에 지명 예루살렘이 걸린 형태이다. 예루살렘에 대한.
רְתַּחְשַׁשְׂתְּא	전치사 לְ에 인명 아닥사스사가 걸린 형태이다. 아닥사스사에게.
מַלְכָּא	앞선 아닥사스사와 동격을 이루는 남성 단수 결정형 명사. 그 왕.
כְּנֵמָה	이렇게, 다음과 같이를 의미하는 부사. 10.6. (4) 참조.

구문 분석: 주어 + 동사 + 목적어 + 간접목적어 + 부사의 어순을 이룬다. 편지를 썼다는 말과 함께 사용된 כְּנֵמָה 이렇게는 다음 절에서 편지의 내용을 기대하게 만들지만, 9-10절은 편지 내용에 관한 것이 아니다. 따라서 이것은 아마 르훔과 심새가 얼마나 많은 사람들의 지지를 얻어 편지를 썼는지를 지칭하는 부사인 것 같다.

해석: 판결의 주인, 르훔과 서기관 심새가 아닥사스사 왕에게 예루살렘에 대한 편지 하나를 썼다.

스 4:9

אֱדַיִן רְחוּם בְּעֵל־טְעֵם וְשִׁמְשַׁי סָפְרָא וּשְׁאָר כְּנָוָתְהוֹן דִּינָיֵא וַאֲפַרְסַתְכָיֵא

טַרְפְּלָיֵא אֲפָרְסָיֵא (אַרְכְּוָי) [אַרְכְּוָיֵא] בָּבְלָיֵא שׁוּשַׁנְכָיֵא (דֶהוּא) [דֶּהָיֵא]

עֵלְמָיֵא:

단어 형태 분석

אֱדַיִן	대등 접속사. 그때, 그 다음에. 10.4. 참조.
וּשְׁאָר	접속사 וּ와 연계형 명사 나머지가 연결된 형태.
כְּנָוָתְהוֹן	/-āthōʷn/ 어미로 보아 3인칭 남성 복수 대명 접미사(그들의)가 붙은 여성 복수 명사임을 알 수 있다. כְּנָה은 복수가 될 때 וּ가 추가로 삽입되는 명사이다: כְּנָוָן. 참조. 17.3. (3).
דִּינָיֵא וַאֲפַרְסַתְכָיֵא טַרְפְּלָיֵא אֲפָרְסָיֵא אַרְכְּוָיֵא בָבְלָיֵא שׁוּשַׁנְכָיֵא דֶּהָיֵא עֵלְמָיֵא	/-āyēʾ/로 끝나는 명사 9개가 나열되었다. 그 어미는 민족을 지칭하는 명사의 복수 결정형을 나타낸다. 디나 사람, 아바삿 사람, 다블래 사람, 아바새 사람, 아렉 사람, 바벨론 사람, 수산 사람, 데해 사람과 엘람 사람.

구문 분석: 대등 접속사 그 때 다음에 르훔과 심새, 그리고 그들의 동료들이 나열된다. 르훔과 심새의 동료들이 아홉 민족들로 구체적으로 열거된다.

해석: 그 때 판결의 주인, 르훔과 서기관 심새와 그 동료 디나 사람, 아바삿 사람, 다블래 사람과 아바새 사람과 아렉 사람과 바벨론 사람과 수산 사람과 데해 사람과 엘람 사람과.

스 4:10

וּשְׁאָר אֻמַּיָּא דִּי הַגְלִי אָסְנַפַּר רַבָּא וְיַקִּירָא וְהוֹתֵב הִמּוֹ בְּקִרְיָה דִּי שָׁמְרָיִן
וּשְׁאָר עֲבַר־נַהֲרָה וּכְעֶנֶת׃

단어 형태 분석

אֻמַּיָּא	/-ayyáʾ/ 어미는 남성 복수 결정형 어미이나, 이 단어는 단수에서 여성형 어미를 가진다: אֻמָּה 민족. 5.7과 17.3 (1)을 참조하라.

הַגְלִי	접두어 ה 는 이것이 하크텔 어간임을 보여준다. 첫 번째 근자음 ג과 두번째 근자음 ל이 모음없이 이어지는 것도 하크텔 어간의 특징이다. ׳혹은 ת와 같은 미완료 접두어가 없는 것으로 보아, 완료형이다. 또한 III-א/ה 동사들의 파생 어간들의 3인칭 남성 단수의 완료형은 언제나 /iʸ/로 끝난다. גלה 하크텔. 유배시키다. 12.1. 참조.
אָסְנַפַּר	인명. 오스납발. 아시리아의 마지막 왕.
רַבָּא וְיַקִּירָא	두개의 형용사가 접속사로 연결되어 "오스납발"을 수식한다. 형용사가 한정 용법으로 쓰일 때는 명사와 성, 수, 정관사적 의미에 있어 일치해야 한다. 이 두 형용사 모두 남성, 단수, 정관사적 의미에 있어 "오스납발"과 일치한다. "오스납발"은 고유 명사이므로 그 자체로 정관사적 의미를 가진 것으로 간주한다. 6.5. 참조.
וְהוֹתֵב	접두어 הוֹ는 I-ו/׳ 동사의 하크텔 완료형의 특징이다. יתב 하크텔. 살게하다, 정착시키다. 주어는 "오스납발"임. 14.3. (3) 참조.
הִמּוֹ	3인칭 복수 독립 인칭 대명사. 이것은 הוֹתֵב의 직접목적어로 사용되고 있다. 7.9. 참조.
בְּקִרְיָה	전치사 ב + 여성 명사 도시.
שָׁמְרָיִן	지명 사마리아는 쌍수 어미를 가진다. 본문에서는 아트나흐 강세를 가진 휴지형이기 때문에 ר아래 /ā/가 있다.
עֲבַר־ נַהֲרָה	두 명사가 연계 구문을 이룬다. נַהֲרָה는 결정형이다. 아람어에서 א는 묵음이되기 때문에 마지막 모음 문자로서 ה와 상호교환적으로 사용된다. "그 강"은 유프라테스 강을 말한다. עֲבַר 건너편. 유프라테스강 건너편은 메소포타미아 본토 서쪽의 북시리아 지역을 일컫는 말이다.
וּכְעֶנֶת	그리고 이제. 환언할 때 쓰이는 표현이다.

구문 분석: 르훔과 심새와 함께 편지 쓴 사람들이 9절에 이어 본절에도 기록된다. 첫 번째 관계사 דִי는 אִמַּיָּא를 선행사로 하는 관계사이다. 관계사절 안에 "오스납발"을 주어로 한 두개의 완료형 동사가 사용된다. הִמּוֹ는 목적어로 사용된 독립인칭 대명사인 동시에 선행사를 회귀적으로 지칭한다(회귀적 용법: 참조 8.4). 두번째 דִי는 명사와 명사의 연계 관계를 형성한다: 사마리아 도시. שְׁאָר עֲבַר-נַהֲרָה는 두개의 연계형과 하나의 절대형 명사로 구성된 연계 구문이다. 참조. 6.3 참조.

해석: 그리고 크고 위대한 왕 오스납발이 유배보내 사마리아 도시와 유프라테스 강 건너편 지역에 정착시킨 나머지 사람들. 이제...

스 4:11

דְּנָה פַּרְשֶׁגֶן אִגַּרְתָּא דִּי שְׁלַחוּ עֲלוֹהִי עַל-אַרְתַּחְשַׁשְׂתְּא מַלְכָּא עַבְדָיךְ אֱנָשׁ
עֲבַר-נַהֲרָה וּכְעֶנֶת:

단어 형태 분석

דְּנָה	근거리 지시 대명사 이것. 10.1. 참조.
פַּרְשֶׁגֶן	남성 단수 연계형 사본.
אִגַּרְתָּא	/ətā'/는 여성 단수 결정형 어미이다. אִגְּרָה 편지.
שְׁלַחוּ	크탈 완료 3인칭 남성 복수. 7.3. 참조.
עֲלוֹהִי	전치사 עַל에 3인칭 남성 단수(그) 접미사가 붙은 형태다. עַל은 복수 명사에 붙은 대명 접미사가 붙는다. 8.3.(3) 참조.
עַבְדָיךְ/דָ/דָיךְ	/-ayik/는 복수 명사에 붙는 2인칭 남성 단수 접미사이다. 당신의 종들. 8.3.(1) 참조.

| אֱנָשׁ | 사람. 연계형 명사이며, 후속하는 **עֲבַר-נַחֲרָה**와 함께 복합 연계 구문을 형성한다: 유프라테스 건너편의 사람. 이것은 메소포타미아 본토 사람이 아니라 아람–시리아인이라는 뜻이다. |

구문 분석: עֲלוֹהִי עַל-אַרְתַּחְשַׁשְׂתְּא에서 첫 번째 **עַל**에 붙은 대명접미사는 "강조적 용법"이다: 바로 그 아닥사스사에게. 8.4. (3) 참조. 그러나 구문 구조상 **עֲלוֹהִי**는 **שְׁלַחוּ**의 간접 목적어로, **עַל-אַרְתַּחְשַׁשְׂתְּא**는 편지글의 일부로 이해할 수도 있을 것이다. 고대 편지는 편지를 받는 자와 보낸 자를 편지 모두에 나열하는데, **עַל-אַרְתַּחְשַׁשְׂתְּא**는 수신자를 표현하고 **עַבְדָיִךְ**이하는 편지를 보내는 자를 나타낸다.

해석: 이것이 그들이 그에게 보낸 편지의 사본이다: "아닥사스사 왕에게. 유프라테스 강 거너편 사람인 당신의 종들로부터. 이제…"

스 4:12

יְדִיעַ לֶהֱוֵא לְמַלְכָּא דִּי יְהוּדָיֵא דִּי סְלִקוּ מִן-לְוָתָךְ עֲלֶינָא אֲתוֹ לִירוּשְׁלֶם קִרְיְתָא מָרָדְתָּא וּבִאישְׁתָּא בָּנַיִן [וְשׁוּרַיָּא] (וְשׁוּרַי) [שַׁכְלִלוּ] (אֶשַׁכְלִלוּ) וְאֻשַּׁיָּא יַחִיטוּ:

단어 형태 분석

יְדִיעַ	크탈 수동 분사. 알려진. 7.7. 참조.
לֶהֱוֵא	불규칙 동사 הוה는 3인칭 크탈 미완료형에서 ל을 접두어로 취한다. 15.4. 참조. 이 때 청유의 의미를 내포할 수 있다: "*May it be…*" 이 용법은 아카드어의 영향이다.
סְלִקוּ	상태 동사의 크탈 완료 3인칭 남성 복수형이다. 7.3. 참조. סְלֵק 올라오다.

מִן—לְוָתָךְ	전치사 לְוָת는 ~의 집에로 해석된다. 여기에 2인칭 남성 단수 대명 접미사가 붙었으므로 너의 집(으로부터).
עֲלֵינָא	전치사 עַל에 복수명사에 붙는 1인칭 복수 접미사가 첨가된 형태이다. /-eʸnā'/는 /-aynā'/의 이중모음 /ay/가 단모음으로 축약된 형태이다.
אֲתוֹ	III-א/ה동사인 אתה(오다)의 크탈 완료 3인칭 남성 복수형이다. 12.1. 참조.
קִרְיְתָא	/ətā'/ 어미로 보아 여성 단수 결정형이다. קִרְיָה 도시.
מָרָדְתָּא וּבְאִישְׁתָּא	도시를 한정하는 두개의 형용사들이다. קִרְיְתָא 도시처럼 여성, 단수, 결정형이다. מְרַד반역하는, בְּאִישׁ 나쁜.
בָּנַיִן	III-א/ה 동사 בנה의 크탈 분사 남성 복수. 12.6. 참조.
וְשׁוּרַיָּא	남성 복수 결정형 어미 /ayyā'/를 가짐. שׁוּר 벽.
שַׁכְלִלוּ	샤크텔 완료 3인칭 복수형이다. 샤크텔은 하크텔 활용에서 ה를 שׁ으로만 바꾸면 된다. כְלַל 완성하다. 9.3 참조. 15.3 참조.
וְאֻשַּׁיָּא	남성 복수 결정형 어미 /ayyā'/를 가짐. אֹשׁ 기초.
יַחִיטוּ	접두어 י 아래 /a/가 오는 것으로 보아 아크텔 미완료형이다. 어미 /ūʷ/은 미완료가 아닌 지시법 어미이나, 문맥상 미완료로 해석하는 것이 좋다. חוט 고치다.

구문 분석: '하או הוּא + 분사'가 사용되었다. לֶהֱוֵא는 청유의 의미를 가진다: ~가 알려지기를.. 첫 번째 관계사 דִּי는 명사절로 왕에게 알려지기를 바라는 내용을 담고 있다. 두번째 דִּי는 유대인들을 선행사로 한 주격 관계사이다. 이 관계사절은 עֲלֵינָא에서 끝난다. 반역하고 나쁜 도시는 분사 בָּנַיִן의 직접 목적어이다. 이후 완료형(שַׁכְלִלוּ)과 미완료형(יַחִיטוּ)을 번갈아 사용한 수사적 의도는 확실하지 않다.

해석: 왕께서 다음의 사실을 주지하시기 바랍니다: "왕의 처소로

부터 우리에게 올라온 유대인들이 예루살렘에 가서 그 나쁜 반동 도
시를 건축하고 있습니다. 그들은 성벽을 완성하였고, 기초를 수리
하고 있습니다."

스 4:13

כְּעַן יְדִיעַ לֶהֱוֵא לְמַלְכָּא דִּי הֵן קִרְיְתָא דָךְ תִּתְבְּנֵא וְשׁוּרַיָּה יִשְׁתַּכְלְלוּן

מִנְדָּה־בְלוֹ וַהֲלָךְ לָא יִנְתְּנוּן וְאַפְּתֹם מַלְכִים תְּהַנְזִק:

단어 형태 분석

דָךְ	원거리 지시 대명사. 여성 단수. 그. 10.1. 참조.
תִּתְבְּנֵא	두번째 근자음에 중복점이 없는 것으로 보아 히트크탈 재귀 어간이다. 주어가 קִרְיְתָא이므로 3인칭 여성 단수형이다.
וְשׁוּרַיָּה	남성 복수 결정형은 א 혹은 ה를 모음문자로 가진다. 벽들.
יִשְׁתַּכְלְלוּן	샤크텔의 재귀 어간이다. שׁ과 ת의 자위전환(metathesis)에 관해서는 11.2.를 참조하라. שכלל 완성시키다.
מִנְדָּה־בְלוֹ	마케프로 연결되어 있지만 연계 구문을 이루지는 않는다. מִנְדָּה는 아카드어 차용어(mandattu 〈 nadānu 주다)로 선물을 의미한다. בְלוֹ도 아카드어 차용어(biltu 〈 wabālu 가져오다)로 조공을 의미한다.
וַהֲלָךְ	통행세
יִנְתְּנוּן	크탈 미완료 3인칭 복수. נתן 주다. 첫 번째 נ은 ת에 동화된 후 다시 이화된 것이다.
אַפְּתֹם	남성 단수 연계형. 금고.
תְּהַנְזִק	하크텔 미완료 3인칭 여성 단수. נזק 상처주다.

구문 분석: 'הוא + 분사' 구문. 첫 번째 דִּי는 명사절을 이끈다.

명사절은 조건문을 포함한다. 조건절은 הֵן으로 표시된다. 주절은
מִנְדָּה־בְלוֹ에서 시작된다. תְּהַנְזִק의 주어는 그 앞의 절(그들이 선물,
조공, 통행세를 주지 않을 것입니다) 전체를 지칭한다.

해석: 왕께서 다음과 같은 사실을 아셨으면 합니다: "만약 그 도시
가 건설되고 성벽이 완성되면, 그들은 선물, 조공, 통행세를 내지 않
을 것이며, 그것은 왕의 금고에 손해를 줄 것입니다."

스 4:14

כְּעַן כָּל־קֳבֵל דִּי־מְלַח הֵיכְלָא מְלַחְנָא וְעַרְוַת מַלְכָּא לָא אֲרִיךְ לַנָא לְמֶחֱזֵא
עַל־דְּנָה שְׁלַחְנָא וְהוֹדַעְנָא לְמַלְכָּא:

단어 형태 연구

כָּל־קֳבֵל דִּי	~이기 때문에
מְלַח הֵיכְלָא	연계 구문. /ā'/로 끝나는 הֵיכְלָא는 남성 단수 결정형. 궁의 녹(<소금)
מְלַחְנָא	/nā'/ 어미로 보아 1인칭 공성 완료형 동사이다. 접두어 ה가 없고, 두번째 근자음이 중복되지 않은 것으로 보아 크탈형이다. מְלַח는 동족 목적어와 함께 녹을 먹다, 은혜를 입다는 뜻이다.
עַרְוַת מַלְכָּא	연계 구문. /at/로 끝나는 עַרְוַת는 여성 단수 연계형이며 /ā'/로 끝나는 מַלְכָּא는 남성 단수 결정형이다. 왕의 치욕.
אֲרִיךְ	형용사. 길다, 적합하다. 명사에 후속하지 않는 것으로 보아 서술적 용법이다. 그 앞의 부정사 לָא는 이를 확증해 준다.
לַנָא	전치사 לְ에 1인칭 공성 복수 대명 접미사가 붙은 형태. /anā'/ 어미에 주목하라.

לְמֶחֱזֵא	전치사 לְ와 함께 쓰이며, 접두어 מ을 가진 מחזא는 크탈 부정사이다. חזא **보다**. 그리고 מ 아래의 모음 /e/에 관해서는 13.2. (3)을 참조하라.
עַל-דְּנָא	그러므로
שְׁלַחְנָא	크탈완료 1인칭 공성 복수. 우리가 편지를 보냈다.
וְהוֹדַעְנָא	하크텔 완료 1인칭 공성 복수. 우리가 알려주었다. 14.3. (3) 참조.

구문 분석: כָּל קֳבֵל דִּי로 시작한 종속절이 לְמֶחֱזֵא에서 끝나고, עַל-דְּנָא에서 주절이 시작된다. 종속절을 구성하는 첫 번째 절은 동족목적어를 취하는 동사로 되었고, 두번째 절은 소위 '비인칭 주어 문장'으로 되어 있다: ~하는 것(부정사)은 적합하지 않다. 주절의 두 동사의 목적절은 15절에 이어진다.

해석: 우리가 궁의 녹을 먹고 왕의 수치를 보는 것이 적합하지 못합니다. 그러므로 우리는 (다음과 같이) 왕에게 편지하여 알립니다.

스 4:15

דִּי יְבַקַּר בִּסְפַר-דָּכְרָנַיָּא דִּי אֲבָהָתָךְ וּתְהַשְׁכַּח בִּסְפַר דָּכְרָנַיָּא וְתִנְדַּע דִּי קִרְיְתָא דָךְ קִרְיָא מָרָדָא וּמְהַנְזְקַת מַלְכִין וּמְדִנָן וְאֶשְׁתַּדּוּר עָבְדִין בְּגַוַּהּ מִן-יוֹמָת עָלְמָא עַל-דְּנָה קִרְיְתָא דָךְ הָחָרְבַת:

단어 형태 분석

יְבַקַּר	캇텔 3인칭 남성 단수. בקר 조사하다. ק아래의 /a/는 13.1. (1)을 참조.
סְפַר דָּכְרָנַיָּא	연계 구문. /ayyā'/ 어미는 남성 복수 결정형. 비망록.

אֲבָהָתָךְ	/ātāk/ 어미는 여성 복수형에 2인칭 남성 단수 대명사가 결합된 것을 보여준다. אָב는 불규칙 명사로 복수형에서 ה 가 첨가되고 여성형 복수 어미를 취한다. 17.3. (3) 참조.
וּתְהַשְׁכַּח	하크텔 2인칭 남성 단수. שכח 발견하다. כ아래의 /a/는 13.1. (1)을 참조.
וּמְהַנְזְקַת	하크텔 분사. 여성 연계형. נזק 손해보게 하다.
עָבְדִין	크탈 분사 남성 복수. עבד 하다. 목적어는 אֶשְׁתַּדּוּר 반란.
בְּגַוַּהּ	전치사 + גַּו 안 + 인칭 대명사(3인칭 여성).
יוֹמָת עָלְמָא	연계 구문. /āt/ 어미에 유의. 여기서는 יוֹם이 여성 복수 어미를 취함. 오래 전부터.
הָחָרְבַּת	하크텔의 수동 어간. 3인칭 여성. 주어는 קִרְיָתָא임. חרב 파괴되다. 발음에 주의 /hoḥorbat/임. 2.6. (2) 참조

구문 분석: 첫 번째 관계사 דִּי는 15절의 동사 וְהוֹדַעְנָא의 목적절을 이끈다. 두번째 דִּי는 두 개의 명사를 연계 관계로 이어준다. 동사 יְבַקַּר는 불특정인을 주어로 하는 능동형이므로 의미상 수동으로 해석될 수 있다. 18.1. 참조. 세번째 דִּי도 동사의 목적절을 이끈다. מְהַנְזְקַת מַלְכִין וּמְדִנָן은 한개의 연계형 명사에 두개의 후속 명사가 붙은 연계 구문이다: 왕과 지방들을 손해나게하는 도시.

해석: 비망 기록을 찾아보십시요. 그러면 그 도시가 거역의 도시이며, 왕과 지방들을 손해나게 하는 도시일 뿐 아니라, 옛부터 반란을 일으킨 도시임을 알고 발견할 것입니다. 이 때문에 그 도시가 현재 파괴된 것입니다.

△ 4:16

מְהוֹדְעִין אֲנַחְנָה לְמַלְכָּא דִּי הֵן קִרְיְתָא דָךְ תִּתְבְּנֵא וְשׁוּרַיָּה יִשְׁתַּכְלְלוּן

לָקֳבֵל דְּנָה חֲלָק בַּעֲבַר נַהֲרָא לָא אִיתַי לָךְ: פ

단어 형태 분석

מְהוֹדְעִין	하크텔 분사 남성 복수. ידע 알게 하다.
תִּתְבְּנֵא	히트크텔 미완료 3인칭 여성 단수. בנא 짓다.
יִשְׁתַּכְלְלוּן	히슈타크탈(샤크텔의 재귀 어간) 미완료 3인칭 남성 복수. 완성되다.
לָקֳבֵל דְּנָה	이 때문에.

구문 분석

첫 번째 단어 מְהוֹדְעִין이 동사로, 그것의 목적절은 דִּי 이하의 부분이다. 그 목적절은 הֵן으로 시작하는 조건문과 לָקֳבֵל로 시작하는 주문(main clause)으로 구성되어 있다: …하면 …일 것이다. 조건문은 קִרְיְתָא를 주어로 하는 두개의 재귀동사로 구성되어 있고, 주절은 אִיתַי를 사용한 소유 표현 구문으로 되어 있다(18.8 참조).

해석: 우리는 왕께 다음과 같이 알립니다: "만약 그 도시가 건축되고 성벽들이 완성되면, 이 때문에 유프라테스강 서쪽 지역에 대한 몫이 당신에게는 더이상 존재하지 않을 것이다."

부록

패러다임
아람어 사전

패러다임

1. 명사, 형용사의 곡용

	남성 단수	어미	여성 단수	어미
절대형	טָב	없음	טָבָה	$-\bar{a}^h$
연계형	טָב	없음	טָבַת	$-at$
결정형	טָבָא	$-\bar{a}$'	טָבְתָא	$-\partial t\bar{a}$'

	남성 복수	어미	여성 복수	어미
절대형	טָבִין	$-\bar{\imath}^y n$	טָבָן	$-\bar{a}n$
연계형	טָבֵי	$-\bar{e}^y$	טָבָת	$-\bar{a}t$
결정형	טָבַיָּא	$-áyy\bar{a}$'	טָבָתָא	$-\bar{a}t\bar{a}$'

2. 독립 인칭 대명사

단수		복수	
나	אֲנָה	우리	אֲנַחְנָה
너(남자)	אַנְתְּ (אַנְתָּה)	너희들(남성)	אַנְתּוּן
너(여자)	*אַנְתִּי	너희들(여성)	*אַנְתֵּן
그	הוּא	그들	הִמּוֹ, הִמּוֹן, אִנּוּן
그녀	הִיא	그녀들	אִנִּין

3. 명사에 붙는 대명 접미사

남단	접미사	남복	접미사	여단	접미사	여복	접미사
יוֹמִי	-ī^y	יוֹמַי	-ay	חֵיוָתִי	-ətī^y	חֵיוָתִי	-ātī^y
יוֹמָךְ	-āk	יוֹמָיִךְ / מָיִךְ	-ayik/ āyk	חֵיוָתָךְ	-ətāk	חֵיוָתָךְ	-ātāk
יוֹמֵכִי	-ēkī^y	יוֹמֵיכִי	-ē^ykī^y	חֵיוָתֵכִי	-ətēkī^y	חֵיוָתֵכִי	-ātēkī^y
יוֹמֵהּ	-ēh	יוֹמוֹהִי	-ō^whī^y	חֵיוָתֵהּ	-ətēh	חֵיוָתֵהּ	-ātēh
יוֹמַהּ	-ah	יוֹמַיַּהּ (מיה)/	-ayyah/ ayh	חֵיוָתַהּ	-ətah	חֵיוָתַהּ	-ātah
יוֹמַנָא	-anā'	יוֹמֵינָא/ מֵינָה	-ayənā'/ aynā'	חֵיוָתַנָא	-ətanā'	חֵיוָתַנָא	-ātanā'
יוֹמְכוֹן/ כֹם	-kō^wn/ kōm	יוֹמֵיכוֹן/ כֹם	-ē^ykō^wn/ kōm	חֵיוָתְכוֹן/ כֹם	-atkō^wn/ kōm	חֵיוָתְכוֹן/ כֹם	-ātkō^wn/ kōm
יוֹמְכֵן	-kēn	יוֹמֵיכֵן	-ē^ykēn	חֵיוָתְכֵן	-atkēn	*חֵיוָתְכֵן	-ātkēn
וֹמְהוֹן/ הֹם	hō^wn/ hōm	יוֹמֵיהוֹן/ הֹם	-ē^yhō^wn/ hōm	חֵיוָתְהוֹן/ הֹם	-athō^wn/ hōm	חֵיוָתְהוֹן/ הֹם	-āthō^wn/ hōm
יוֹמְהֵן	-hēn	יוֹמֵיהֵן	-ē^yhēn	חֵיוָתְהֵן	-athēn	*חֵיוָתְהֵן	-āthēn

4. 강동사 능동 어간 활용

1) 완료형

성 인칭	접미사	크탈(페알)	캇텔(파엘)	하크텔(하펠)
3 남단	없음	קְטַל	קַטֵּל (קַטֵּל)	הַקְטֵל
3 여단	-at	קִטְלַת	קַטְּלַת	הַקְטְלַת
2 남단	-t (tā͟h)	קְטַלְתְּ (קְטַלְתָּה)	קַטֵּלְתְּ	הַקְטֵלְתְּ
2 여단	-tīy	קְטַלְתִּי	קַטֵּלְתִּי	הַקְטֵלְתִּי
1 공단	-ēt	קִטְלֵת	קַטְּלֵת	הַקְטְלֵת
3 남복	-ūw	קְטַלוּ	קַטִּלוּ	הַקְטִלוּ
3 여복	-ā͟h	קְטַלָה	קַטִּלָה	הַקְטִלָה
2 남복	-tūwn	קְטַלְתּוּן	קַטֵּלְתּוּן	הַקְטֵלְתּוּן
2 여복	-tēn	קְטַלְתֵּן	קַטֵּלְתֵּן	הַקְטֵלְתֵּן
1 공복	-nā'	קְטַלְנָא	קַטֵּלְנָא	הַקְטֵלְנָא

2) 미완료형

성 인칭	접미사	크탈(페알)	캇텔(파엘)	하크텔(하펠)
3 남단	y-/없음	יִקְטֻל	יְקַטֵּל	יְהַקְטֵל
3 여단	t-/없음	תִּקְטֻל	תְּקַטֵּל	תְּהַקְטֵל
2 남단	t-/없음	תִּקְטֻל	תְּקַטֵּל	תְּהַקְטֵל
2 여단	t-/-īyn	תִּקְטְלִין	תְּקַטְּלִין	תְּהַקְטְלִין
1 공단	'-/없음	אֶקְטֻל	אֲקַטֵּל	אֲהַקְטֵל
3 남복	y-/-ūwn	יִקְטְלוּן	יְקַטְּלוּן	יְהַקְטְלוּן
3 여복	y-/-ān	יִקְטְלָן	יְקַטְּלָן	יְהַקְטְלָן
2 남복	t-/-ūwn	תִּקְטְלוּן	תְּקַטְּלוּן	תְּהַקְטְלוּן
2 여복	t-/-ān	תִּקְטְלָן	תְּקַטְּלָן	תְּהַקְטְלָן
1 공복	n-/없음	נִקְטֻל	נְקַטֵּל	נְהַקְטֵל

3) 명령형

성 인칭	크탈(페알)	캇텔(파엘)	하크텔(하펠)
2 남단	קְטֻל	קַטֵּל (קַטֵּל)	הַקְטֵל (אַקְטֵל)
2 여단	קְטֻלִי	קַטְּלִי	הַקְטְלִי
2 남복	קְטֻלוּ	קַטְּלוּ	הַקְטְלוּ
2 여복	קְטֻלָה	קַטְּלָה	הַקְטְלָה

4) 부정사

크탈(페알)	캇텔(파엘)	하크텔(하펠)
מִקְטַל	קַטָּלָה	הַקְטָלָה

5) 분사

| | 크탈(페알) | | 캇텔(파엘) | | 하크텔(하펠) | |
	능동	수동	능동	수동	능동	수동
남단	קָטֵל	קְטִיל	מְקַטֵּל	מְקַטַּל	מְהַקְטֵל	מְהַקְטַל
여단	קָטְלָה	קְטִילָה	מְקַטְּלָה	מְקַטְּלָה	מְהַקְטְלָה	מְהַקְטְלָה
남복	קָטְלִין	קְטִילִין	מְקַטְּלִין	מְקַטְּלִין	מְהַקְטְלִין	מְהַקְטְלִין
여복	קָטְלָן	קְטִילָן	מְקַטְּלָן	מְקַטְּלָן	מְהַקְטְלָן	מְהַקְטְלָן

5. 강동사 수동, 재귀 어간 활용

1) 완료형

성 인칭	크틸(페일)	후/호크탈 (후/호팔)	히트크텔 (히트페엘)	히트캇탈 (히트파알)
3 남단	קְטִיל	הָקְטַל	הִתְקְטֵל	הִתְקַטַּל
3 여단	קְטִילַת	הָקְטְלַת	הִתְקַטְּלַת	הִתְקַטְּלַת
2 남단	קְטִילְתְּ	הָקְטַלְתְּ	הִתְקַטַּלְתְּ	הִתְקַטַּלְתְּ
2 여단	קְטִילְתִּי	הָקְטַלְתִּי	הִתְקַטַּלְתִּי	הִתְקַטַּלְתִּי
1 공단	קְטִילֵת	הָקְטְלֵת	הִתְקַטְּלֵת	הִתְקַטְּלֵת
3 남복	קְטִילוּ	הָקְטְלוּ	הִתְקַטְּלוּ	הִתְקַטְּלוּ
3 여복	קְטִילָה	הָקְטְלָה	הִתְקַטְּלָה	הִתְקַטְּלָה
2 남복	קְטִילְתּוּן	הָקְטַלְתּוּן	הִתְקַטַּלְתּוּן	הִתְקַטַּלְתּוּן
2 여복	קְטִילְתֵּן	הָקְטַלְתֵּן	הִתְקַטַּלְתֵּן	הִתְקַטַּלְתֵּן
1 공복	קְטִילְנָא	הָקְטַלְנָא	הִתְקַטְּלְנָא	הִתְקַטְּלְנָא

2) 미완료형

성 인칭	히트크엘(히트페엘)	히트캇탈(히트파알)
3 남단	יִתְקְטֵל	יִתְקַטַּל
3 여단	תִּתְקְטֵל	תִּתְקַטַּל
2 남단	תִּתְקְטֵל	תִּתְקַטַּל
2 여단	תִּתְקַטְּלִין	תִּתְקַטְּלִין
1 공단	אֶתְקְטֵל	אֶתְקַטַּל
3 남복	יִתְקַטְּלוּן	יִתְקַטְּלוּן
3 여복	יִתְקַטְּלָן	יִתְקַטְּלָן
2 남복	תִּתְקַטְּלוּן	תִּתְקַטְּלוּן
2 여복	תִּתְקַטְּלָן	תִּתְקַטְּלָן
1 공복	נִתְקְטֵל	נִתְקַטַּל

3) 부정사

히트크엘(히트페엘)	히트캇탈(히트파알)
הִתְקַטָלָה	הִתְקַטָלָה

4) 분사

성·수	히트크엘(히트페엘)	히트캇탈(히트파알)
남단	מִתְקַטֵל	מִתְקַטַל
여단	מִתְקַטְלָה	מִתְקַטְלָה
남복	מִתְקַטְלִין	מִתְקַטְלִין
여복	מִתְקַטְלָן	מִתְקַטְלָן

6. III-א/ה 동사 활용

1)완료형

성 인칭	접미어	크탈	캇텔	하크텔	히트크텔	히트캇탈
3 남단	없음	בְּנָה	בַּנִּי	הַבְנִי	הִתְבְּנִי	הִתְבַּנִּי
3 여단	-at	בְּנָת	בַּנִּיַת	הַבְנִיַת	הִתְבְּנִיַת	הִתְבַּנִּיַת
2 남단	-tā	בְּנַיְתָ	בַּנִּיתָ	הַבְנִיתָ	הִתְבְּנִיתָ	הִתְבַּנִּיתָ
2 여단	-tīʸ	בְּנַיְתִי	בַּנִּיתִי	הַבְנִיתִי	הִתְבְּנִיתִי	הִתְבַּנִּיתִי
1 공단	-ēt	בְּנֵית	בַּנִּית	הַבְנִית	הִתְבְּנֵית	הִתְבַּנִּית
3 남복	-ūʷ	בְּנוֹ	בַּנִּיו	הַבְנִיו	הִתְבְּנִיו	הִתְבַּנִּיו
3 여복	-āʰ	בְּנָה	בַּנִּיָה	הַבְנִיָה	הִתְבְּנִיָה	הִתְבַּנִּיָה
2 남복	-tūʷn	בְּנַיְתוּן	בַּנִּיתוּן	הַבְנִיתוּן	הִתְבְּנִיתוּן	הִתְבַּנִּיתוּן
2 여복	-tēn	בְּנַיְתֶן	בַּנִּיתֶן	הַבְנִיתֶן	הִתְבְּנִיתֶן	הִתְבַּנִּיתֶן
1 공복	-nā’	בְּנֵינָא	בַּנִּינָא	הַבְנִינָא	הִתְבְּנִינָא	הִתְבַּנִּינָא

2) 미완료형

성 인칭	접미어/접두어	크탈	캇텔	하크텔	히트크텔	히트캇탈
3 남단	y-/-$\bar{e}$'	יִבְנֵא	יְבַנֵּא	יְהַבְנֵא	יִתְבְּנֵא	יִתְבַּנֵּא
3 여단	t-/-$\bar{e}$'	תִּבְנֵא	תְּבַנֵּא	תְּהַבְנֵא	תִּתְבְּנֵא	תִּתְבַּנֵּא
2 남단	t-/-$\bar{e}$'	תִּבְנֵא	תְּבַנֵּא	תְּהַבְנֵא	תִּתְבְּנֵא	תִּתְבַּנֵּא
2 여단	t-/-$\bar{e}^{y}n$	תִּבְנֵין	תְּבַנֵּין	תְּהַבְנֵין	תִּתְבְּנֵין	תִּתְבַּנֵּין
1 공단	'-/-$\bar{e}$'	אֶבְנֵא	אֲבַנֵּא	אֲהַבְנֵא	אֶתְבְּנֵא	אֶתְבַּנֵּא
3 남복	y-/-$\bar{o}^{w}n$	יִבְנוֹן	יְבַנּוֹן	יְהַבְנוֹן	יִתְבְּנוֹן	יִתְבַּנּוֹן
3 여복	y-/-$\partial y\bar{a}n$	יִבְנְיָן	יְבַנְיָן	יְהַבְנְיָן	יִתְבְּנְיָן	יִתְבַּנְיָן
2 남복	t-/-$\bar{o}^{w}n$	תִּבְנוֹן	תְּבַנּוֹן	תְּהַבְנוֹן	תִּתְבְּנוֹן	תִּתְבַּנּוֹן
2 여복	t-/-$\partial y\bar{a}n$	תִּבְנְיָן	תְּבַנְיָן	תְּהַבְנְיָן	תִּתְבְּנְיָן	תִּתְבַּנְיָן
1 공복	n-/-$\bar{e}$'	נִבְנֵא	נְבַנֵּא	נְהַבְנֵא	נִתְבְּנֵא	נִתְבַּנֵּא

3) 부정사

크탈	캇텔	하크텔	히트크텔	히트캇탈
מִבְנֵא	בַּנָּיָה	הַבְנָיָה	הִתְבְּנָיָה	הִתְבַּנָּיָה

4) 분사

	크탈(폐알)		캇텔(파엘)		하크텔(하펠)		히트크텔	히트캇탈
	능동	수동	능동	수동	능동	수동		
남단	בָּנֵא/א	בְּנֵה/א	מְבַנֵּא	מְבַנַּי	מְהַקְטֵל	מְהַבְנַי	מִתְבְּנֵא	מִתְבַּנֵּא
여단	בָּנְיָה	בְּנְיָה	מְבַנְיָה	מְבַנְיָה	מְהַבְנְיָה	מְהַבְנְיָה	מִתְבַּנְיָה	מִתְבַּנְּיָה
남복	בָּנַיִן	בְּנַיִן	מְבַנַּיִן	מְבַנַּיִן	מְהַבְנַיִן	מְהַבְנַיִן	מִתְבַּנַיִן	מִתְבַּנַּיִן
여복	בָּנְיָן	בְּנְיָן	מְבַנְיָן	מְבַנְיָן	מְהַבְנְיָן	מְהַבְנְיָן	מִתְבַּנְיָן	מִתְבַּנְּיָן

7. II-ו/י 동사 활용

1) 완료형

성.인칭	접미사	크탈	하크텔
3 남단	없음	קָם (רם)	הֲקִים (הֲקֵים)
3 여단	-at	קָמַת	הֲקִימַת
2 남단	-tā	קָמְתָּ	הֲקִימְתְּ
2 여단	-tī^{y}	קָמְתִּי	הֲקִימְתִּי
1 공단	-et	קָמֵת	הֲקִימֵת
3 남복	-ū^{w}	קָמוּ	הֲקִימוּ
3 여복	-ā^{h}	קָמָה	הֲקִימָה
2 남복	-tū^{w}n	קָמְתּוּן	הֲקִימְתּוּן
2 여복	-tēn	קָמְתֵּן	הֲקִימְתֵּן
1 공복	-nā'	קָמְנָא	הֲקִימְנָא

2) 미완료형

성.인칭	접두/접미어	크탈(G)	하크텔(H)	히트크텔(Gt)
3 남단	y-/없음	יְקוּם (יְשִׂים)	יָקִים (יְהָקֵים)	יִתְּזִין; יִתְּשָׂם
3 여단	t-/없음	תְּקוּם	תָּקִים	
2 남단	t-/없음	תְּקוּם	תָּקִים	
2 여단	t-/-ī^{y}n	תְּקוּמִין	תְּקִימִין	
1 공단	'-/없음	אֲקוּם	אָקִים	
3 남복	y-/-ū^{w}n	יְקוּמוּן	יְקִימוּן	יִתְּשָׂמוּן
3 여복	y-/-ān	יְקוּמָן	יְקִימָן	
2 남복	t-/-ū^{w}n	תְּקוּמוּן	תְּקִימוּן	
2 여복	t-/-ān	תְּקוּמָן	תְּקִימָן	
1 공복	n-/없음	נְקוּם	נְקִים	

3) 명령형, 부정사, 분사

		크탈	하크텔	히트크텔
명령법	남단	קוּם (שִׂים)	הָקֵם	
	여단	קוּמִי (שִׂימִי)	הָקִימִי	
	남복	קוּמוּ (שִׂימוּ)	הָקִימוּ	
	여복	קוּמָה (שִׂימָה)	הָקִימָה	
부정사		מָקֻם	הָקֵמָה	הִתְשַׂמָּה
		능동	수동	하크텔	히트크텔

분사		능동	수동	하크텔	히트크텔
분사	남단	קָאֵם	שִׂים	מְהָקִים (מָקִים), מָקִים	מִתְשַׂם
	여단	קָיְמָה (קאמה)	שִׂימָה	מְקִימָה	מִתְשַׂמָּה
	남복	קָיְמִין (קאמין)	שִׂימִין	מְקִימִין	מִתְשַׂמִּין
	여복	קָיְמָן (קאמן)	שִׂימָן	מְקִימָן	מִתְשַׂמָּן

8. 아인 중복 동사 활용

1) 완료형

성 인칭	접미어	크탈	하크텔	후/호크탈
3 남단	없음	עַל	הַעֵל (הַנְעֵל)	הֻעַל
3 여단	-at	עַלַּת	הַעֵלַת	
2 남단	-tā	עַלְתָּ	הַעֵלְתָּ	
2 여단	-tīʸ	עַלְתִּי	הַעֵלְתִּי	
1 공단	-ēt	עַלֵּת	הַעֵלֵת	
3 남복	-ūʷ	עַלּוּ	הַעֵלוּ	הֻעֲלוּ
3 여복	-āʰ	עַלָּה	הַעֵלָה	
2 남복	-tūʷn	עֲלַתּוּן	הַעֲלַתּוּן	
2 여복	-tēn	עֲלַתֶּן	הַעֲלַתֶּן	
1 공복	-nāʾ	עֲלַלְנָא	הַעֲלַלְנָא	

2) 미완료형

성 인칭	접두/접미어	크탈(G)	하크텔(H)
3 남단	y-/없음	יְעֵל	יְהַעֵל (יַעֵל)
3 여단	t-/없음	תְּעֵל	תְּהַעֵל
2 남단	t-/없음	תְּעֵל	תְּהַעֵל
2 여단	t-/-ī‏ʸn	תְּעֲלִין	תְּהַעֲלִין
1 공단	ʾ-/없음	אֶעֵל	אֲהַעֵל
3 남복	y-/-ū‏ʷn	יֶעֲלוֹן	יְהַעֲלוֹן
3 여복	y-/-ān	יֶעֲלָן	יְהַעֲלָן
2 남복	t-/-ū‏ʷn	תְּעֲלוֹן	תְּהַעֲלוֹן
2 여복	t-/-ān	תְּעֲלָן	תְּהַעֲלָן
1 공복	n-/없음	נֶעֵל	נְהַעֵל

3) 명령형, 분사, 부정사

		크탈		하크텔	
명령법	남단	עֵל		הַעֵל (הַנְעֵל)	
	여단	עֻלִי		הַעֵלִי	
	남복	עֻלוּ		הַעֵלוּ	
	여복	עֻלָה		הַעֵלָה	
부정사		מֶעַל		הַעָלָה (הַנְעָלָה)	
		능동	수동	능동	수동
분사	남단	עָלֵל	עֲלִיל	מְהַעֵל (מַעֵל)	מְהַעַל (מַעַל)
	여단	עָלְלָה		מְהַעֲלָה	
	남복	עָלְלִין		מְהַעֲלִין	
	여복	עָלְלָן		מְהַעֲלָן	

9. 동사에 붙는 대명 접미사

1) 완료형

대명사	완료형				명령형	
	3 남단	2 남단	1 공단	3 남복	2 남단	2 남복
1 공단 (나를)		הוֹדַעְתַּנִי		חַבְּלוּהִי	הַעֲלֵנִי	הַחֲזֹנִי
2 남단 (너를)	הוֹדַעְךָ הִשְׁלִטְךָ					
3 남단 (그를)	סְתָרֵהוּ שְׂמֵהוּ הִשְׁלִיטָה הֲקִימֶהוּ בְּנָהִי שְׁכְלָלֶה			הַקְרְבוּהִי שְׁנוֹהִי		חַבְּלוּהִי
3 여단 (그녀를)	חֲתְמָה הִשְׁלָמָה		בְּנִיתָה			
1 공복 (우리를)		הוֹדַעְתָּנָא		הֲתִיבוּנָא		

2) 미완료형

대명사	3 남단 동사	3 여단 동사	1 공단 동사	3 남복 동사	2 남복 동사
1 남단	יְדַחֲלִנַּנִי יְהוֹדְעִנַּנִי יְהֵוֻנַּנִי			יְהוֹדְעֻנַּנִי יְבַהֲלֻנַּנִי	תְּהוֹדְעֻנַּנִי תְּהַחֲוֻנַּנִי
2 남단	יְשֵׁיזְבִנָּךְ יְבַהֲלָךְ			יְבַהֲלוּךְ	
3 남단			אֲהוֹדְעִנֵּהּ	יְשַׁמְשׁוּנֵּהּ יְבַהֲלוּנֵּהּ יְטַעֲמוּנֵּהּ	
3 여단	יִתְּנִנַּהּ יְחַוִּנַּהּ	תְּדוּשִׁנַּהּ תַּדְקִנַּהּ			
2 남복	יִשְׁאֲלִנְכוֹן יְשֵׁיזְבִנְכוֹן				

성서 아람어 사전

약어	
강	강조형
결	결정형
단	단수
단접	단수 명사에 붙는 대명 접미사
독대	독립인칭대명사
명	명사
복	복수
복접	복수 명사에 붙은 대명 접미사
부	부사
부정	부정사
불변	불변화사
수	수사
여	여성
여명	여성 명사
연	연계형
이크	이트크텔
저	저시브
접	대명 접미사
지대	지시지대대명사
형	형용사
히	히브리어
히크	히트크텔
히캇	히트캇탈

א

אַב 명 단접 אַבִי, אֲבוּךְ, אֲבֽוּהִי; 복접 אֲבָהָתִי, אֲבָהָתָךְ, אֲבָהָתָנָא: 아버지(단 5:2).

אֵב 명 단접 אִנְבֵּהּ: 과일.

אֲבַד 동 크탈 미완료 복 저 יֵאבַֽדוּ: 파괴되다, 멸망하다(렘10:11) 하크텔 미완료 תְּהוֹבֵד, יְהֹבְדוּן; 부정사 הוֹבָדָה: 숙이나, 살해하다, 파괴하다(단 2:12,18,24). 호크탈 완료 הוּבַד: 파괴되다 (단 7:11).

אֶבֶן 여명 결 אַבְנָא: 돌(단 2:34, 5:4,23).

אִגְּרָה 여명 결 אִגַּרְתָּא:편지(스 4:8,11, 5:6).

אֱדַיִן 부 그 때, 그 다음에; מִן-אֱדַיִן 그때부터

אֲדָר 명 아달. 12번째 달의 이름 (스 6:15).

אִדַּר 명 복 연 אִדְּרֵי: 타작마당(단 2:35).

אֲדַרְגָּזַר 명 복 강 אֲדַרְגָּזְרַיָּא: 조언자 (단 3:2).

אַדְרַזְדָּא 부 부지런히, 열심히(스7:23).

אֶדְרָע 명 팔, 힘(스 4:23).

אֲזְדָּא 명 결/형 여: (말씀 혹은 명령이) 선포된, 확정된, 확실한(단 2:5,8).

אֲזָה 동 크탈 부정 מֵזֵא, 접 מֵזְיֵהּ; 수동 분사 אֵזֵה: 불을 붙이다, 데우다(단 3:19, 22).

אֲזַל 동 크탈 완 אֲזַל, אֲזַֽלוּ, אֲזַ֫לְנָא, א׳; 미완료는 הֲלַךְ을 활용함; 명령 אֱזֵל:가다(스 4:23, 단 2:17).

אָח 명 복 접 크티브 אֶחָיִךְ (케레 אֶחָךְ): 형제.

אַחֲוָיָה 여명 말하기. חֲוָה 하크텔

אֲחִידָה 여명 복 אֲחִידָן: 수수께끼.

אַחְמְתָא 지명 악메다. 메디아 제국의 수도.

אַחַר 전 복 연 אַחֲרֵי, 접 אַחֲרֵיהֹן: ~후에. אַחֲרִי-דְנָה 이일 후에

אַחֲרִי 여명 연 אַחֲרִית יוֹמַיָּא: 끝. 종말.

אָחֳרִי 형여 남성형은 אָחֳרָן: 또 하나의.

אָחֳרֵין 부 케레 אָחֳרֵין, 크티브 אָחֳרַן, 또는 אָחֳרִין: 마침내 עַד אָחֳרֵין. 또 하나의

אֲחַשְׁדַּרְפַּן	명	복 결 אֲחַשְׁדַּרְפְּנַיָּא: 태수.
אִילָן	명	결 אִילָנָא: 나무.
אֵימְתָן	형	여 אֵימְתָנִי: 무서운
אִיתַי	불변	접 케레 אִיתַי 크티브 אִיתַיךְ, אִיתֵיכוֹן 케레 אִיתָנָא & אִיתַנָא 크티브 אִיתֵינָא: 존재. ~가 있다. ; הֵן אִיתַי דִּי ~라는 사실이 있는지 없는지; 분사나 형용사 앞에서 ~이다의 강조적 의미: הֵן אִיתַי כָּהֵל 만약에 ~가 할 수 있으면.
אֲכַל	동	크탈 완료 אֲכַלוּ; 미완료 יֵאכֻל, תֵּאכֻל, 명령 여 אֲכֻלִי; 분사 여 אָכְלָה: 먹다, 삼키다.
אֶל	전	~로, 향하여
אֵל	지대	남 복: 이것들.
אֱלָה	명	연= 결 אֱלָהָא, 접 אֱלָהִי, אֱלָהָךְ, אֱלָהֵהּ, אֱלָהַנָא, אֱלָהֲכוֹן & אֱלָהֲכֹם, אֱלָהֲהוֹן & אֱלָהֲהֹם &; 전치사와 함께 결. לֵאלָהּ, 전치사와 결 또는 접 לֵאלָהָא, וֵאלָהָא; 복 אֱלָהִין, 결 אֱלָהַיָּא, 연 אֱלָהֵי, לֵאלָהֵי, 접 אֱלָהָי, לֵאלָהָי, (크티브 אלהיך, 케레 אלהך): 하나님, 신.
אֵלֶּה	지대	복. 이것들. 케레 אֵל.
אֲלוּ	불변	보아라
אִלֵּין	지대	복. 이것들.
אִלֵּךְ	지대	복. 이것들.
אִלֵּן	지대	복. 이것들.
אֲלַף	명	연 אֶלֶף, 결 אַלְפָּא, 복 케레 אַלְפִין (크티브 אלפים): 천. אֶלֶף אַלְפִין 수천.
אַמָּה	명	복. אַמִּין: 규빗.
אֻמָּה	명	복. 결 אֻמַּיָּא, אֻמַיָּא 민족.
אָמַן	동	하크텔: 완료 הֵימִן; 수동 분사 מְהֵימַן: 신뢰하다.

		수동 분사. 신뢰할만한
אֲמַר	동	크탈 완료 3남단. אֲמַר. 여단 אֲמֶרֶת. 일(1)공단. אַמְרֵת; 삼(3)남복 미완료 יֵאמַר, 복 תֵאמְרוּן; 명령 אֱמַרוּ, ; 부정 מֵאמַר, מֵמַר; ; 분사 אָמַר, 복 אָמְרִין: 말하다.
אִמַּר	명	복 אִמְּרִין: 양.
אֲנָה	독대	나
אִנּוּן	지대	독대. 그들, 그것들.
אֱנוֹשׁ	명	אֱנָשׁ를 보라.
אֲנַחְנָא	독대	나
אֲנַס	동	크탈 분사. אָנֵס: 억압하다, 괴롭히다.
אֲנַף	명	쌍수 접 אַנְפּוֹהִי: 얼굴.
אֱנָשׁ	명	연 =, 결 אֱנָשָׁא, אֱנוֹשָׁא, 복 אֲנָשִׁים: 인류, 민족, 사람, 개인.
אַנְתָּה	독대	너.
אַנְתּוּן	독대	너희들
אֱסוּר	명	복 אֱסוּרִין: 결박, 사슬, 투옥.
אָסְנַפַּר	인명	아시리아 왕의 이름. 앗수르바니팔.
אָסְפַּרְנָא	부	정확히, 열열히.
אֱסָר	명	연 =, 결 אֱסָרָא: 금지, 금지를 명하는 칙령.
אָע	명	결 אָעָא: 나무.
אַף	불변	또한, 더구나
אֲפַרְסִי	명	복결. אֲפַרְסָיֵא: 민족 이름 혹은 직책 이름.
אֲפַרְסְכָי	명	복 결 אֲפַרְסְכָיֵא (스 5:6, 6:6). 아바삭 족속.
אֲפַרְסַתְכָי	명	복 결 אֲפַרְסַתְכָיֵא (스 4:9). 아바삿 사람들.
אַפְּתֹם	명	스 4:13, 금고. 부. 마침내, 적극적으로.

אֶצְבַּע 여명 복 אֶצְבְּעָן, 연 אֶצְבְּעָת: 손가락(단 5:5); 발가락 (단 2:41)

אַרְבַּע 수 여 אַרְבְּעָה: 넷(단 3:25, 7:2f; 에 6:17).

אַרְגְּוָן 명 결 אַרְגְּוָנָא: 자주색(옷)(단 5:7,16,29).

אֲרוּ 불변 보아라(단 7:2, 5-7, 13).

אֹרַח 명 복 접 אָרְחָתָךְ, אֹרְחָתֵהּ: 길. 하나님이 행하시는 방법. 단 4:34; 인간의 경험 단 5:23.

אַרְיֵה 명 복 결 אַרְיָוָתָא: 사자(단 6:8).

אַרְיוֹךְ 인명 아리옥

אֲרִיךְ 형 적합한(스 4:14).

אַרְכֻּבָּה 명 복 접 אַרְכֻּבָּתֵהּ: 무릎(단 5:6).

אַרְכָה 명 길이(단 4:24, 7:12).

אַרְכְּוָי 명 복결. 케레 אַרְכְּוָיֵא 크티브, אַרְכְּוָי: 민족이름. 아렉 사람들

אֲרַע 명 결 אַרְעָא: 지구, 땅(단 2:15; 스 5:11). אַרְעָא 아래로(단 2:39). אַרְעָא מִנָּךְ 너보다 열등한.

אַרְעִי 형 연 אַרְעִית: 밑(단 6:25).

אֲרַק 명 =אֲרַע: 결 אַרְקָא: 지구, 땅(렘 10:11).

אַרְתַּחְשַׁשְׁתְּא 인명 아닥사스사.

אֹשׁ 명 복 결 אֻשַּׁיָּא: 기초(스 4:12, 5:16, 6:13).

אֶשָּׁא 여명 불(단 7:11); 불로 드리는 제사(스 6:3).

אָשַׁף 명 복 אָשְׁפִין, 결 אָשְׁפַיָּא: 마법사(단 2:10, 2:7, 4:4, 5:7,11,15).

אֻשַּׁרְנָא 명 결 אֻשַּׁרְנָא 스 5:3,9: 나무 구조물

אֶשְׁתַּדּוּר 명 반란(스 4:15, 19).

אֶשְׁתִּיו 동사 שתה를 보라.

אָת 명 복 אָתִין, 결 אָתַיָּא, 접 אָתוֹהִי: 기호, 사인(단 3:32f, 6:28).

אֲתָה 동 크탈 완료 א, 스 5:3, 16 אֲתוֹ, 복 אֲתוֹ; 명령 복 אֱתוֹ; 부정사 מֵאתֵא(*מֵאתֵא); 분 אָתֵה: 오다(단 3:2, 에 4:12). 하크텔 완료 הַיְתִי 복 הַיְתִיו; 부정사 הַיְתָיָה: 데려오다(단 3:13), 가져오다.(단5:2f); 호크탈 הֵיתָיִת 복 הֵיתָיוּ(단 3:13, 6:18).

אַתּוּן 명 연 =, 결 אַתּוּנָא: 화로(단 3:6).

אִתַי 불변 איתי를 보라.

אֲתַר 명 접 אַתְרֵהּ: 흔적, 장소(단 2:35).

ב

בְּ 전 בִּי, בָּךְ, בֵּהּ, בַּהּ, בְּהוֹן: ~안에.

בְּאִישׁ 형 여 결 בְּאִישְׁתָּא: 악한(스 4:12).

בְּאֵשׁ 동 나쁘다 + עַל(단 6:15).

בָּאתַר 접속 접 בָּתְרָךְ: ~후에(단 2:39, 7:6).

בָּבֶל 지명 바벨론

בַּבְלִי 형 복 결 בַּבְלָיֵא: 바빌론 사람(스 4:9).

בְּדַר 동 캇텔 명령 복 בַּדַּרוּ: 분산시키다(단 4:11).

בְּהִילוּ 동 בהל을 보라.

בְּהַל 동 캇텔 미완료 복 접 יְבַהֲלָנִי, יְבַהֲלוּנַּהּ, יְבַהֲלוּנֵּהּ 지시법 בְּהַלָה & יְבַהֲלוּ: 놀라게 하다(단 4:2, 16; 5:6,10; 7:15, 28). 히크 부정사 הִתְבְּהָלָה: 서두르다(단 2:25; 3:24;

6:20). 히캇 분사 מִתְבְּהַל: 두려워하다(단 5:9).

בטל 동 크탈 완료 בְּטֵלַת; 분사 여 בָּטְלָא: 그치다, 멈추다(스 4:24). 캇텔 완료 복 בַּטִּלוּ; 부정사 בַּטָּלָא; 숙어. דִּי לָא לְבַטָּלָה 중단없이 (스 6:8).

בֵּין 전 접 크티브 בֵּינֵיהוֹן, 케레 - הֵין: ~사이에.

בִּינָה 명 통찰(단 2:21).

בִּירָה 명 결 בִּירְתָא: 요새, 성채(스 6:2).

בִּית 동 크탈 완료 בָּת: 밤을 보내다(단 6:19).

בַּיִת 명 결 בַּיְתָא & בִּיתָה, 연 בֵּית, 접 בַּיְתִי, בַּיְתֵהּ 복 접 בָּתֵּיכוֹן: 집, 궁전, 성전.

בָּל 명 마음. 숙어. שָׂם בָּל לְ ~하려고 마음 먹다(단 6:15).

בלא 동 בלה를 보라.

בֵּלְאשַׁצַּר 인명 벨사살.

בלה 동 캇텔 미완료 יְבַלֵּא: 지치게 하다(단 7:25).

בְּלוֹ 명 (특산물) 조공(스 4:13, 20; 7:24).

בֵּלְטְשַׁאצַּר 인명 벨사살.
בֵּלְשַׁאצַּר 인명 벨사살.

בנה 동 크탈 완료 접 בְּנַיְתָה, בְּנֵיתָהּ, 복 בְּנוֹ; 미완료 복 יִבְנוֹן; 부정사 מִבְנֵא; 분사 복 בָּנַיִן, 수동 분사 בְּנֵה: 짓다(단 4:27, 스 4:12). 히크 미완료 תִּתְבְּנֵא, יִתְבְּנֵא; 분사 מִתְבְּנֵה: 건설되다(스 4:13).

בִּנְיָן 명 결 בִּנְיָנָא: 건물(스 5:4).

בְּנִין 명 아들. בַּר의 복수형

בְּנַס 동 화나다(단 2:12).

בְּעָה 동 크탈 완료 בְּעָה/א 복 בְּעוֹ, בְּעֵינָא; 미완료 יִבְעֵא, אֶבְעֵא; 부정사 מִבְעֵא; 분사 בָּעֵה/א 복 בָּעַיִן:(단 6:5); 찾다, 구하다, 요청하다 + מִן (단 2:13), + מִן-קֳדָם (단 2:18); + 동족 목적어. 기도 올리다(단 6:8); 부정사(단 2:13). 캇텔 미완료 복 יְבַעוֹן: 누군가를 열심히 찾다 (단 4:33).

בָּעוּ 명 접 בָּעוּתֵהּ: 탄원, 기도 (단 6:8,14).

בְּעֵל 명 연 =: 주인. 숙어. בְּעֵל-טְעֵם 사령관(스 4:8).

בִּקְעָה 명 연 בִּקְעַת: 평원(단 3:1).

בקר 동 캇텔 완료 복 בַּקַּרוּ; 미완료 יְבַקַּר; 부정사 בַּקָּרָא/ה: 조사하다(스 4:15). 히캇 미완료 יִתְבַּקַּר: 조사되다, 조사하도록 허락하다(스 5:17).

בַּר 명 I בַּר: 결 בְּרָא: 밭. : II בַּר: 연 =, 접 בְּרֵהּ; 복 연 בְּנֵי, 접 בְּנוֹהִי, בְּנֵיהוֹן: 아들(단 5:22, 에 5:2), 자녀들(단 6:25); 왕자들(스 6:1); 사람들

ברך 동 I. 크탈 분사 בְּרֵךְ: 무릎꿇다(단 6:11). II. 크탈 수동 분사 בְּרִיךְ: (단 3:28). 캇텔 완료 בָּרֵךְ(단 2:19), בָּרְכֵת; 수동 분사 מְבָרַךְ: 축복하다(단 2:19f; 4:31).

בְּרֵךְ 명 복 접 בִּרְכוֹהִי: 무릎(단 6:11).

בְּרַם 접속 그러나(단 2:28; 4:12, 20; 5:17, 스 5:13).

בְּשַׁר 명 결 בִּשְׂרָא: 육체(단 7:5); 은유적 의미로 사람(단 2:11), 동물(단 4:9).

בַּת 명 복 בַּתִּין: 바트, 액체 도량(스 7:22).

בְּתַר 다음을 보라: בָּאתַר.

ג

גַּב 명 복 접 크티브 גַּבַּיָּה, 케레 단 접 גַּבָּהּ: 등, 옆. עַל-גַּבַּיהּ 옆 쪽에.

גֹּב 명 연 גּוֹב, 결 גֻּבָּא: (사자의) 굴.

גְּבוּרָה 명 결 גְּבוּרְתָּא: 힘(단 2:20, 23).

גְּבַר 명 복 גֻּבְרִין, 결 גֻּבְרַיָּא: 남자.

גִּבָּר 명 복 연 גִּבָּרֵי: 용사.

גְּדָבַר 명 복 결 גְּדָבְרַיָּא: 재무관.

גְּדַד 동 크탈 명령 גֹּדּוּ: (나무를) 자르다.

גַּו 명 연 גּוֹא, 접 גַּוֵּהּ, גַּוָּהּ: 안, 가운데, בְּגוֹא ~안에, לְגוֹא ~안으로, מִן-גּוֹא ~로부터.

גּוֹא 참조: גַּו

גּוֹב 참조: גֹּב

גֵּוָה 명 교만(단 4:34).

גּוּחַ 동 하크텔 분사 복 여 מְגִיחָן: (바다를) 요동시키다(단 7:2).

גּוֹן 참조: נִדְנֶה

גִּזְבַּר 명 복 결 גִּזְבְרַיָּא: 재무관.

גְּזַר 동 크탈 분사 복 גָּזְרִין, 결 גָּזְרַיָּא: 점성술사, 점술사. 히크, 이크: 완료 3 단여 הִתְגְּזֶרֶת, אִתְגְּזֶרֶת: (돌이) 떨어지다. 채굴되다.

גְּזֵרָה 동 연 גְּזֵרַת: 칙령(단 4:14, 21).

גִּין 참조: נִדְנֶה.

גִּיר 명 결 גִּירָא: 회칠한 벽, 분벽(단 5:5).

גַּלְגַּל 명 복 접 גַּלְגִּלּוֹהִי: 바퀴(단 7:9).

גְּלָה 동 크탈 분사 גָּלֵא/ה부정사 מְגְלָא; 크틸 완료 גֲּלִי; גְּלִי: 계시하다, 드러내다. 하크텔: 완료 הַגְלִי 유배시키다.

גָּלוּ 여명 결 גָּלוּתָא: 유배.

גְּלָל 명 אֶבֶן גְּלָל 스 5:8, 6:4. 큰 돌덩어리.

גְּמַר 동 크탈 수동 분사 גְּמִיר: 완성된. 스 7:12에서는 שְׁלָם의 의미임: 평화!

גְּנַז 명 복 결 גִּנְזַיָּא, 연 גִּנְזֵי: 보물.

גַּף 여명 복 결 גַּפִּין, 접 גַּפַּיהּ 또는 גַּפֵּיהּ 크티브, גַּפָּהּ 케레: 날개.

גְּרַם 명 복접 גַּרְמֵיהוֹן: 뼈(단 6:25).

גְּשֵׁם 동 접 גֶּשְׁמֵהּ, גֶּשְׁמַהּ, גֶּשְׁמְהוֹן; 복 접 크티브 גֶּשְׁמֵיהוֹן: 몸.

ד

דָּא 지대 여. 남성형은 דְּנָה: 이것의, 이것.

דֹּב 명 곰(단 7:5).

דְּבַח 동 크탈 분사 복 דָּבְחִין: 동족 목적어와 함께 제사를 드리다.

דְּבַח 명 복 דִּבְחִין: 희생 제사(스 6:3).

דְּבַק 동 크탈 분사 복 דָּבְקִין: 늘러붙다, 뭉치다(단 2:43).

דִּבְרָה 명 연 דִּבְרַת: 일, 문제. 숙어. עַל-דִּבְרַת דִּי ~하기 위

하여, ~ 때문에(단 2:30, 4:14).

דְּהַב 명 결: דַּהֲבָא 금.

דהוא 명 크티브, דְּהַוָא 케레. 데해 사람(스 4:9).

דור 동 크탈 미완료 תְּדוּר, 복 יְדְרוּן 크티브, יְדָרוּן 케레; 분사 복 דָּאֲרִין 크티브, דָּיְרִין 케레, 연 דָּאֲרֵי 크티브, דָּיְרֵי 케레: 거하다, 살다.

דּוּרָא 지명 두라(단 3:1).

דּוּשׁ 동 크탈 미완료 접 תְּדוּשִׁנַּהּ: 짓밟다(단 7:23).

דַּחֲוָה 명 복 דַּחֲוָן: 유흥(단 6:19).

דְּחַל 동 크탈 분사 복 דָּחֲלִין, 수동 דְּחִיל, 여 דְּחִילָה: 두려워하다 + מִן קֳדָם(단 5:19, 6:27); 수동 분사, 두려운, 무서운. 캇텔 미완료 접 וִידַחֲלֻנַּנִי: 겁주다, 무섭게하다(단 4:2).

דִּי 관계사. 1. 명사 연계 구문을 대체함. 2. 관계 대명사절을 이끔. 3. 동사의 목적어절, 명사절을 이끔. 4. 목적절이나 결과절을 이끔.

דִּין 동 크탈 분사 복 דָּאֲנִין 크티브, דָּיְנִין 케레: 재판관(스 7:25).

דִּין 명 결 דִּינָא: 재판, 판단.

דַּיָּן 명 복 דַּיָּנִין: 재판관(스 7:25).

דִּינָיֵא 남복. 디나 사람(스 4:9).

דָּךְ 지대 여 דָּךְ: 그것의, 그것.

דִּכֵּן 지대 남녀. 그것의, 그것.

דְּכַר 명 복 דִּכְרִין: 숫양(스 6:9, 17; 7:17)

דִּכְרוֹן 명 결 דִּכְרוֹנָה: 비망록, 기록(스 6:2).

דָּכְרָן 명 복 결 דָּכְרָנַיָּא: 비망록, 기록(스 4:15).

דְּלַק 동 크탈 분사 דָּלִק: 타다(단 7:9).

דְּמָה 동 크탈 분사 דָּמֵה, 여 דָּמְיָה: 닮다(단 3:25).

דְּנָה 지대 이것의, 이것.

דָּנִיֵּאל 인명 다니엘.

דְּקַק 동 크탈 완료 복 דָּקוּ: 산산히 부수다. 하크텔: 완료 3 여 הַדֶּקֶת, 복 הַדִּקוּ; 미완료 תַּדִּק, 접 תַּדְּקִנַּהּ; 분사 מְהַדֵּק, 여 מְדֶקָה, מְהַדְּקָה: 가루로 만들다(단 2:34, 40, 44f. 6:25).

דָּר 명 세대

דָּרְיָוֶשׁ 인명 다리우스

דְּרָע 명 복 접 דְּרָעוֹהִי: 팔(단 2:32).

דָּת 여명 연 =, 결 דָּתָא, 접 דָּתְכוֹן; 복 연 דָּתֵי: 왕의 칙령, 국가 법, 하나님의 율법.

דֶּתֶא 명 결 דִּתְאָא: 풀, 잔디(단 4:12, 20).

דְּתָבַר 명 복 결 דְּתָבְרַיָּא: 모사, 재판관.

ה

הַ 불변 문장 처음에 위치해 의문문을 만듦.

הָא 불변 보아라

הֵא 불변 숙어. הֵא-כְדִי ~처럼.

הַדָּבַר 명 복 결 הַדָּבְרַיָּא, 연 הַדָּבְרֵי, 접 הַדָּבְרֵי 고관 הַדַּבְרוֹהִי

הַדָּם 명 복 הַדָּמִין: 지체, 조각.

הֲדַר 동 캇텔 완료 הַדְּרֵת, הַדְּרַת; 분사 מְהַדַּר: 영광을 돌리다, 영화롭게 하다.

הֲדַר 명 결 הַדְרִי접 הַדְרָה/א: 영광, 위엄.

הוּא 독대 그, ~이다.

הֲוָה 동 크탈 완료 ה', הֲוָא, הֲוַת, 미완료 לֶהֱוֵה, הֲוֵית, הֲוֵית תֶּהֱוֵה 여 תֶּהֱוֵא, לֶהֱוֵא. 복 לֶהֱוֹן, 여 לֶהֱוְיָן; 명령 복 הֲוֹו, הֱווֹ: ~이다.

הִיא 독대 그녀, ~이다.

הֵיכַל 명 결 הֵיכְלָא, 접 הֵיכְלֵה: 성전, 궁전.

הֲלַךְ 동 크탈 미완료 יְהָךְ; 부정사 מְהָךְ; 가다(스 7:13). 캇텔 분사 מְהַלֵּךְ 돌아다니다. 단 4:26. 하크텔 분사 복 מְהַלְכִין: 단 3:25 4:34. 돌아다니다.

הֲלָךְ 명 세금의 일종. 통행세.

הִמּוֹ 독대 그들.

הֲמוֹנָךְ 명 결 크티브 הַמְנִכָא, 케레 הַמְנִיכָא: 목걸이.

הֵן 접속 만약 ~라면(조건문) ~인지 아닌지(간접의문문).

הַנְזָקָה 명 연 הַנְזָקַת: 손해, 불이익.

הַצְדָּא 참조 צְדָא

הַרְהֹר 명 복 הַרְהֹרִין: 꿈의 환상(단 4:2).

הִתְבְּהָלָה 명 본래 히크 부정사 בהל: 숙어. +בְּ. 급히.

הִתְנַדָּבוּ 명 본래 히캇 부정사 נדב: 연 הִתְנַדָּבוּת: 헌금, 헌물.

ו

וּ 접속 그리고, 그러나.

ז

זְבַן 동 크탈 분사 복 זָבְנִין: 사다. 은유적 의미, 시간을 목적어로 (시간을) 벌다(단 2:8).

זָהִיר 형 복 זְהִירִין: 주의 깊은, 조심스런. 숙 זָהִיר + הוּא 부정사: 조심스레/주의 깊게 ~하다(스 4:22).

זוּד 동 하크텔 부정사 הַזָדָה: 교만히 행하다(단 5:20).

זוּן 동 히크 미완료 יִתְּזִין: 먹고 살다 + מִן (단 4:9)

זוּעַ 동 크탈 분사 복 크티브 זָיְעִין, 케레 זָאֲעִין: 두려워 떨다 + מִן-קֳדָם ~앞에(단 5:19 6:27).

זִיד 참조: זוּד.

זִיו 명 접 זִיוַהּ, זִיוֵהּ; 복 접 זִיוָיִךְ, 크티브 זִיוָיִךְ 케레 זִיוֹהִי: 광채(나는 얼굴).

זְכוּ 명 순수(단 6:23).

זְכַרְיָה 인명 스가랴

זְמַן 동 히크 완료 케레 הִזְדְּמִנְתּוּן; 크티브 히캇 הִזַּמִנְתּוּן 또는 하크텔 הִזְמִנְתּוּן: 부정사와 함께 ~하도록 동의하다/작당하다(단 2:9).

זְמָן 명 결 זִמְנָא 복 זִמְנִין, 결 זִמְנַיָּא: 시간.

זְמָר 명 결 זְמָרָא: 현악기의 한 종류.

זַמָּר 명 복 결 זַמָּרַיָּא: 음악가, 가수.

זַן 명 복 연 זְנֵי: 종류.

זְעֵיר 형 여 זְעֵירָה: 작은(단 7:8).

זְעַק 동 크탈 완료 זְעִק: 외치다 (단 6:21).

זְקַף 동 크탈 수동 분사 זְקִיף: 매달린(사람)(스 6:11).

זְרֻבָּבֶל 인명 스룹바벨.

זְרַע 명 연 =: 씨, 후손.

ח

חֲבוּלָה 명 상해, 범죄(단 6:23).

חבל 동 캇텔 완료 복 접 חַבְּלוּנִי; 명령 복 접 חַבְּלוּהִי: 부정사 חַבָּלָה: 다치게 하다, 파괴하다. 히캇 미완료 תִתְחַבַּל ,תִתְחַבָּל: 파괴되다, 멸망하다.

חֲבַל 명 결 חֲבָלָא: 상처, 피해.

חֲבַר 명 복 접 חַבְרֹוהִי: 친구, 동료.

חַבְרָה 명 복 접 חַבְרָתַהּ: 친구, 동료.

חַגַּי 인명 학개.

חַד 수사 여 חֲדָה: 하나.

חֶדְוָה 명 기쁨(스 6:16).

חֲדַת 형 새로운.

חוה 동 캇텔 미완료 אֲחַוֵּא/ה: יְחַוִּנַּנִי ,יְחַוִּנַּה, 접 נְחַוֵּא 보여주다, 알게하다. 하크텔 미완료 יְהַחֲוֵה ,נְהַחֲוֵה, 복 תְּהַחֲוֹן, 접 תְּהַחֲוֻנַּנִי; 명령 복 접 הַחֲוֹנִי; 부정사 אַחֲוָיַת ,הַחֲוָיָה/ה, 연 알게하다, 해석하다.

חוט 동 크탈 또는 하크텔: 미완료 יְחִיטוּ(스 4:12): 수리하다.

חִוָּר 형 하얀(단 7:9).

חֲזָה 동 크탈 완료 חֲזָא/ה, 남 חֲזַיְת ,חֲזַיְתָהּ 복 חֲזֵיתוּן; 부정사 מֶחֱזֵא; 분사 חָזֵה, 복 חָזַיִן, 수동 חֲזֵה: 보다. 수동 분사 적당한, 관습적인.

חֱזוּ 명 결 חֶזְוָה, 접 חֶזְוִי, 복 연 חֶזְוֵי: 환영, 허깨비, 현현.

חֲזוֹת 명 접 חֲזוֹתַהּ: 모습, 광경.

חֲטִי 명 접 크티브 חֲטִיךְ, 케레 חֲטָאֻךְ: 죄(단 4:24).

חֲטָיָא 명 크티브 חֲטָאָה: 속죄제(스 6:17).

חַי 형 연 =, 결 חַיָּא; 복 חַיִּין, 연 חַיֵּי, 결 חַיַּיָּא: 살아있는. 복수형: 모든 사람(단 2:30), 생명(단 7:12 스 6:10).

חיה 동 크탈 명령 חֱיִי: 살다. 캇텔 분사 מְחֵא: 살리다, 소생시키다(단 5:19).

חֵיוָה 여명 연 חֵיוַת, 결 חֵיוְתָא; 복 חֵיוָן & חֵיוָתָא: 짐승, 동물(단 4:13).

חיט 참고. חוט.

חַיִל 명 연 חֵיל, 접 חֵילֵהּ: 힘, 군대.

חַכִּים 형 복 חַכִּימִין, 연 חַכִּימֵי, 결 חַכִּימַיָּא: 지혜로운(사람)(단 2:21), 복수형: 마술사들.

חָכְמָה 명 연 חָכְמַת, 결 חָכְמְתָא: 지혜.

חֵלֶם 명 결 חֶלְמָא, 접 חֶלְמִי ,חֶלְמָךְ 복 חֶלְמִין: 꿈.

חלף 동 크탈 미완료 복 יַחְלְפוּן: (시간이) 지나가다.

חֲלָק	명	부분, 몫.
חֵמָה	명	분노.
חֲמַר	명	결 חַמְרָא: 포도주.
חִנְטָה	명	복 חִנְטִין: 밀.
חֲנֻכָּה	명	연 חֲנֻכַּת: 헌당.
חנן	동	크탈 부정사 מִחַן: 자비를 베풀다. 히캇 분사 מִתְחַנַּן: 자비를 구하다.
חֲנַנְיָה	인명	하나냐.
חַסִּיר	형	흠이 있는, 저질의(단 5:27).
חסן	동	하크텔 완료 복 הֶחֱסִנוּ; 미완료 יַחְסְנוּן: 취하다(단 7:18,22).
חֱסֵן	명	결 חִסְנָא, 접 חִסְנִי: 힘, 부(단 2:37).
חֲסַף	명	연 =, 결 חַסְפָּא: 진흙, 진흙 용기.
חצף	동	하크텔 분사 여 מְהַחְצְפָה, מְהַחְצְפָא: 심한, 엄한(단 2:15; 3:22).
חרב	동	호크탈 완료. 3여단 הָחָרְבַת 파괴되다.
חַרְטֹם	명	복 חַרְטֻמִין, 결 חַרְטֻמַיָּא: 마술사.
חרך	동	히캇 완료 הִתְחָרַךְ: 그을리다(단 3:27).
חֲרַץ	명	접 חַרְצֵהּ: 엉덩이 골반(단 5:6).
חשב	동	크탈 수동 분사 복 חֲשִׁיבִין: 여겨진다, 간주된다(단 4:32).
חֲשׁוֹךְ	명	결 חֲשׁוֹכָא: 어둠(단 2:22).
חשח	동	크탈 분사 복 חַשְׁחִין: 부정사와 함께 ~할 필요가 있다(단 3:16).
חַשְׁחָה	명	복 חַשְׁחָן: 필요, 필요한 것(스 6:9).
חַשְׁחוּ	명	연 חַשְׁחוּת: 필요, 부족 (스 7:20).

חשל	동	크탈 분사 חָשֵׁל: 부수다, 가루로 만들다(단 2:40).
חתם	동	크탈 완료 접 חַתְמַהּ: 봉인하다(단 6:18).

ט

טאב	동	크탈 완료 טְאֵב: 좋다, 유쾌하다.
טָב	형	좋은.
טַבָּח	명	복 결 טַבָּחַיָּא: 처형집행자, 경호원(단 2:14).
טוּר	명	결 טוּרָא: 산.
טְוָת	명	금식, 부: 금식하며.
טִין	명	결 טִינָא: 진흙.
טַל	명	연 =: 이슬.
טלל	동	하크텔 미완료 תַּטְלֵל: 그늘을 구하다, 둥지 틀다(단 4:9).
טעם	동	캇텔 미완료 복 יְטַעֲמוּן, 접 יְטַעֲמוּנֵּהּ: 먹이다
טְעֵם	명	연1 =: 연2 טַעַם 결 טַעְמָא: 이해, 지혜, 명령(단 3:10, 스 4:21). 조언, 충고.
טְפַר	명	복 접 טִפְרוֹהִי טִפְרַיָּה: 손톱, 발톱.
טרד	동	크탈 분사 복 טָרְדִין: 쫓아내다. 수동 טְרִיד: 쫓겨난.
טַרְפְּלָי	명	복 결 טַרְפְּלָיֵא: 관직이나 민족의 이름. 다블래 사람

י

יבל	동	히그텔 완료 הֵיבֵל; 부정사 הֵיבָלָה: 데려오다, 가지고오다(스 5:14,6:5,7:15). 샤펠 분사 복 מְסוֹבְלִין: 바치다(스 6:3).

יַבֶּשֶׁה 명 결 יַבֶּשְׁתָּא: 마른땅(단 2:10).

יְגַר 명 연 =: 돌무더기.

יַד 여명 연=: 결 יְדָא, 단 5:5 יְדֵה, יְדָהּ, יְדָהֹם, 접 쌍 יְדַיִן: 복 접 יְדֵי: 손.

ידה 동 하크텔 분사 מְהוֹדֵא(단 2:23) 〉 מוֹדֵא(단 6:11): 찬양하다.

יְדַע 동 크탈 완료 יִדְעַת, יְדַעְתְּ, 미완료 תִּנְדַּע אֶנְדַּע, 복 יִנְדְּעוּן; 명령 דַּע; 분사 יָדַע, 복 יָדְעִין 연 יָדְעֵי, 수동 יְדִיעַ: 알다. 하크텔 완료 הוֹדַע, 접 הוֹדְעֶנָּא, הוֹדְעָךְ, הוֹדַעְתַּנָא הוֹדַעְתָּנָא (단 2:23); 미완료 יְהוֹדַע, 복 תְּהוֹדְעוּן, 접 יְהוֹדְעִנַּנִי תְּהוֹדְעֻנַּנִי אֲהוֹדְעִנֵּהּ, תְּהוֹדְעִנַּנִי יְהוֹדְעִנַּנִי; 부정 사 הוֹדָעָה, 접 הוֹדַעְתַּנִי, הוֹדַעְתָּךְ; 분 사 복 מְהוֹדְעִין: 알게 하 다, 가르치다.

יְהַב 동 크탈 완료 יְהַבְתְּ, 복 וִיהַבוּ; 미완료는 נתן을 사용; 명령 הַב; 분사 복 יָהֲבִין; 수동 완료 여 יְהִיבַת, 복 יְהִיבוּ: 주다. 히 크 미완료 יִתְיְהִב, תִּתְיְהִב 복 יִתְיַהֲבוּן; תְּתְיַהֲב 분 사 מִתְיְהֵב, 여 מִתְיַהֲבָה, 복 מִתְיַהֲבִין: 주어지다(단 4:13; 스 4:20, 7:19).

יְהוּד 명 유대, 유다.

יְהוּדִי 명 복 크티브 יְהוּדָאיִן 케레 יְהוּדָיִן, 결 יְהוּדָיֵא: 유대 인의.

יוֹם 명 결 יוֹמָא; 복 יוֹמִין, 연 יוֹמֵי, 결 יוֹמַיָּא, 접 יוֹמֵיהוֹן, & 복 연 יוֹמָת: 날.

יוֹצָדָק 인명 요사닥.

יזב 참고: שֵׁיזִב.

יטב 동 크탈 미완료 יֵיטַב: ~를 기쁘게 하다, ~의 마음 에 들다 +עַל.

יְכֵל 동 크탈 완료 יְכֵלְתָּ, יָ; 미완료 תֻּכַּל, יִכַּל(단 5:16). 케레(단 5:16 크 티브 יוּכַל,וּכַל); 분사 יָכְלִין, 여 יָכְלָה, 복 יָכְלִין: ~할 수 있다, 이기다.

יָם 명 결 יַמָּא: 바다.

יסף 동 호크탈: 완료 3여단 הוּסְפַת: 더해지다.

יעט 동 크탈 분사 복 접 יָעֲטוֹהִי: 조언하다. 분사 조언자. 이크 완료 אִתְיָעַטוּ: 의 논하다.

יצב 동 캇텔 부정사 יַצָּבָא: 확 인하다, 확실히 하다(단 7:19).

יַצִּיב 형 결 & 여 יַצִּיבָא: 확실 한, 신뢰할만한, (말씀) 단 613, (꿈) 2:45; 여 성형이 명사로 쓰임, 신 뢰할만한 정보 7:16; 부 מִן-יַצִּיב 확실히.

יקד 동 크탈 분사 여 결 יָקִדְתָּא: (불)타다.

יְקֵדָה 명 עַל과 함께 쓰인 연 לִיקֵדַת: 타는 불.

יַקִּיר 형 결 יַקִּירָא, 여 יַקִּירָה: 어 려운, 고상한.

יְקָר 명 וּ와 함께, וִיקָר(단 7:14), לִ과 함께 연 לִיקָר, 그 리고 וּ와 함께 결 וִיקָרָא 5:20: וִיקָרָהּ: 영광, 위엄.

יְרוּשְׁלֶם 지명 예루살렘.

יְרַח 명 לִ와 함께 한 연 לִירַח; 복 יַרְחִין: 달, 월.

יַרְכָה 명 복 접 יַרְכָתֵהּ: 정강이.
יִשְׂרָאֵל 명 이스라엘.
יֵשׁוּעַ 인명 예수아.
יָת 불변 ~을.
יְתֵב 동 크탈 완료 יְתִב, ׳יׅ; 미완료 יִתֵּב; 분사 복 יָתְבִין 정착하다, 살다. 하크텔 완료 הוֹתֵב: 살게하다, 정착시키다.
יַתִּיר 형 여 יַתִּירָה, יַתִּירָא: 매우, 특별히.

כ

כְּ 전 ~처럼.
כִּדְבָה 명 거짓말.
כָּה 부 여기에.
כהל 동 크탈 분사 כָּהֵל, 복 כָּהֲלִין: ~할 수 있다.
כָּהֵן 명 결 כָּהֲנָא; 복 결 כָּהֲנַיָּא, 접 כָּהֲנוֹהִי: 제사장.
כַּוָּה 여명 복 כַּוִּין: 창문(단 6:11).
כּוֹרֶשׁ 인명 고레스.
כַּכַּר 명 복 כַּכְּרִין: 달란트.
כֹּל 명 연 =, 또는 כָּל־, 결 לָא, כֹּלָּא, כֹּלָּא, 접 כָּלְּהוֹן: 모두, 전체. 부. 합하여, 모두.
כלל 동 샤펠 완료 복 שַׁכְלִלוּ, 접 שַׁכְלְלֵהּ 부정사 שַׁכְלָלָה: 끝내다, 완성하다. 히슈타크탈 미완료 יִשְׁתַּכְלְלוּן: 완성되다.
כְּמָה 의문 얼마나.
כֵּן 부 이렇게, 그렇게.
כְּנָה 여명 복 접 כְּנָוָתֵהּ, כְּנָוָתְהוֹן: 동료.
כְּנֵמָא 부 이렇게, 그렇게.

כנש 동 크탈 부정사 מִכְנַשׁ: 모으다(단 3:2). 히캇 분사 복 מִתְכַּנְּשִׁין: 모이다(단 3:3, 27).
כַּשְׂדָּי 참조 כַּשְׂדָּי
כְּסַף 명 명. 결 כַּסְפָּא: 은, 돈.
כְּעַן 부 이제, 지금.
כְּעֶנֶת 부 이제, 지금.
כְּעֶת 부 이제, 지금.
כפת 동 크탈 완료 수동 복 כְּפִתוּ: 묶이다(단 3:21). 캇텔 부정사 כַּפָּתָה: 수동 분사 복 מְכַפְּתִין: 묶다(단 3:20, 수동 단 3:23).
כֹּר 명 복 כֹּרִין: 코르. 곡식 세는 단위
כַּרְבְּלָה 명 복 접 כַּרְבְּלָתְהוֹן: 모자(단 3:21).
כרה 동 이크 완료 3. 여 אֶתְכְּרִיַּת: 걱정하다, 염려하다.
כָּרוֹז 명 결 כָּרוֹזָא: 전령.
כרז 동 하크텔 완료 복 הַכְרִזוּ: 선언하다(단 5:29).
כָּרְסֵא 명 연 =, 접 כָּרְסְיֵהּ; 복 כָּרְסָיָן: 의자, 보좌.
כַּשְׂדָּי 명 갈대아 사람.
כְּתַב 동 크탈 완료 ׳כ, 복 כְּתַבוּ; 미완료 נִכְתָּב; 분사 여 כָּתְבָן, כָּתְבָה/כָּתְבָא, 복 여 כָּתְבָן, 수동 완료 כְּתִיב: 쓰다.
כְּתָב 명 연 =, 결 כְּתָבָא(단 5:7, 15) כְּתָבָה: 비문. 문서. 성문법. 규정.
כְּתַל 명 연 =; 복 결 כֻּתְלַיָּא: 벽(단 5:5, 스 5:8).

ל

לְ 전 ~으로, ~을 위하여.

לָא 불변 부정어. ~가 아니다.

לֵב 명 접 לִבִּי: 심장, 마음.

לְבַב 명 연 =, 접 לִבְבָךְ, לִבְבֵהּ: 심장, 마음.

לְבוּשׁ 명 접 לְבוּשֵׁהּ; 복 접 לְבוּשֵׁיהוֹן: 옷.

לבשׁ 동 크탈 미완료 יִלְבַּשׁ, תִּלְבַּשׁ: 옷 입다. 하크텔 완료 복 הַלְבִּשׁוּ: 입히다.

לֵהּ 참조 לָא.

לָהֵן 접속 그러므로, 그러나, ~하지 않으면, ~을 제외하고.

לֵוָי 명 복 결 크티브 לֵוָיֵא, 케레 לֵוָאֵי: 레위인의.

לְוָת 전 ~의 집에.

לְחֶם 명 빵, 식사.

לְחֵנָה 명 복 접 לְחֵנָתָךְ, לְחֵנָתֵהּ: 첩.

לֵילִי 명 결 לֵילְיָא: 밤.

לִשָּׁן 명 복 결 לִשָּׁנַיָּא: 혀, 언어.

מ

מָא 참조: מָה.

מְאָה 수 쌍: מָאתַיִן: 백, 쌍. 이백.

מֹאזְנֵא 명 결 מֹאזַנְיָא: 저울.

מֵאמַר 명 연 =: 말씀, 명령.

מָאן 명 복 연 מָאנֵי, 결 מָאנַיָּא: 그릇.

מְגִלָּה 명 두루마리(스 6:2).

מגר 동 캇텔 미완료 יְמַגַּר: 전복하다(스 6:12).

מַדְבַּח 명 결 מַדְבְּחָא: 제단(스 7:17).

מִדָּה 명 연 מִדַּת: 세금, 공물(스 4:13, 20; 6:8).

מְדוֹר 명 접 מְדוֹרֵהּ, מְדָרָךְ, מְדָרְהוֹן: 거처.

מָדַי 명 결 크티브 מָדַיָא, 케레 מָדָאָה: 메데의.

מְדִינָה 명 연 מְדִינַת, 결 מְדִינְתָּא; 복 מְדִינָן, 결 מְדִינָתָא: 지방. 사트라피. 페르시아의 행정구분.

מְדֹר 참조: מְדוֹר.

מָה 의문 מָא: 무엇.

מוֹת 명 죽음.

מָזוֹן 명 음식(단 4:9, 18).

מחא 동 크탈 완료 3. 여 מְחָת: 때리다(단 2:34). 캇텔 미완료 יְמַחֵא: 숙어. + בְּיַד 손을 때리다. → 방해하다, 금지하다(단 4:32). 히크 미완료 יִתְמְחֵא: (장대에) 매달리다(스 6:11).

מַחֲא 참조: חיה 하크텔.

מַחֲלְקָה 명 복 접 מַחְלְקָתְהוֹן: 구분, 소그룹, (레위인의) 반차(스 6:18).

מְחָן 참조: חנן.

מטא 동 크탈 완료 מ' מְטָה. 여 מְטָת, 복 מְטוֹ; 미완료 יִמְטֵא: 뻗치다, 이르다, 도착하다, (사건이) 발생하다.

מִישָׁאֵל 인명 미사엘.

מֵישַׁךְ 인명 메삭.

מלא 동 크탈 완료 3여단 מְלָת: 채우다(단 2:35). 히크 완료 הִתְמְלִי: 가득차다(단 3:19).

מַלְאַךְ 명 접 מַלְאֲכֵהּ: 천사(단 3:28, 6:23).

מִלָּה 명 연 מִלַּת, 결 מִלְּתָא; 복 מִלִּין, 연 מִלֵּי, 결 מִלַּיָּא: 말씀, 문제, 일.

מלח 동 크탈 완료 1공복. **מְלַחְנָא**: 동족 목적어와 함께 녹을 먹다, 은혜를 입다(스 4:14).

מְלַח 명 연 =: 소금(스 4:14, 6:9, 7:22).

מֶלֶךְ 명 연=결 מַלְכָּא 혹은 מַלְכָּה; 복 מַלְכִין, 결 מַלְכַיָּא: 왕.

מִלַּךְ 명 접 מִלְכִּי: 조언(단 4:24).

מַלְכָּה 명 결 מַלְכְּתָא: 여왕(단 5:10).

מַלְכוּ 명 연 מַלְכוּת, 결 מַלְכוּתָא, 접 מַלְכוּתִי, מַלְכוּתָךְ, מַלְכוּתֵהּ; 복 연 מַלְכְוָת, 결 מַלְכְוָתָא: 왕권, 주권, 통치, 왕국.

מלל 동 캇텔 완료 מַלִּל; 미완료 יְמַלִּל; 분사 מְמַלִּל, מְמַלְּלָה: 말하다.

מַן 의문 누구.

מִן 의문 접 מִנִּי, מִנָּךְ, מִנֵּהּ, 크티브 מִנְּהוֹן: ~로부터.

מְנֵא 명 므나. 무게의 단위. 참조: מְנָה, 수동분사 계수된.

מִנְדָּה 참조: מִדָּה.

מַנְדַּע 명 결 מַנְדְּעָא 접 מַנְדְּעִי: 지식, 이해.

מְנָה 동 크탈 완료 'מְ; 수동 분사 מְנֵא: 세다. 캇텔 완료 מַנִּי, מַנִּיתְ; 명령 מֶנִי: 임명하다.

מִנְחָה 명 복 접 מִנְחָתְהוֹן: 제물(단 2:46), 곡식 제물(스 7:17).

מִנְיָן 명 연 =: 숫자(스 6:17).

מַעֲבָד 명 복 접 מַעֲבָדוֹהִי: 일(단 4:34).

מְעֵה 명 복 접 מְעוֹהִי: 배, 내장(단 2:32).

מֵעַל 명 복 연 מֵעָלֵי: 일몰(단 6:15).

מָרֵא 명 연=, 접 크티브 מָרְאִי 케레 מָרִי: 주인 = 왕(단 4:16, 21) = 하나님(단 2:47, 5:23).

מְרַד 명 반란(스 4:19).

מָרָד 형 여 מָרָדְתָּא, 결 מָרָדְתָּא: 반란하는(스 4:12, 15).

מרט 동 크틸 완료 수동 복수 מְרִיטוּ: 뽑아 내다(단 7:4).

מֹשֶׁה 인명 모세.

מְשַׁח 명 붓는 기름(스 6:9, 7:22).

מִשְׁכַּב 명 접 מִשְׁכְּבָךְ, מִשְׁכְּבֵהּ: 침대.

מִשְׁכַּן 명 접 מִשְׁכְּנֵהּ: (하나님의) 거처(스 7:15).

מַשְׁרוֹקִי 명 결 מַשְׁרוֹקִיתָא: 파이프 악기.

מִשְׁתֵּא 명 결 מִשְׁתְּיָא: 연회.

מַתְּנָה 명 복 מַתְּנָן, 접 מַתְּנָתָךְ: 선물(단 2:6, 4:8).

נ

נבא 동 히트캇탈 완료 크티브 **הִתְנַבִּי**, 케레 הִתְנַבִּיא: 예언하다(스 5:1)

נְבוּאָה 명 연. נְבוּאַת: 예언(스 6:14).

נְבוּכַדְנֶצַּר 인명 느부갓네살.

נְבִזְבָּה 명 복 접 נְבִזְבְּיָתָךְ: 선물.

נְבִיא 명 결 크티브 נְבִיאָה 케레 נְבִיא; 복 결 크티브 **נְבִיַּאיָא** 케레 נְבִיַּיָּא: 선지자(스 5:1f, 6:14).

נֶבְרַשָׁה 명 결 נֶבְרַשְׁתָּא: 램프스탠드(단 5:5).

נגד 동 크탈 분사 נָגֵד: 흐르다(단 7:10).

נֶגֶד 전 ~의 방향으로, 향하여(단 6:11).

נֹגַהּ 명 결 נָגְהָא: 빛. בְּנָגְהָא 새벽에(단 6:20).

נדב 동 히캇 완료 복 הִתְנַדַּבוּ; 분사 מִתְנַדַּב, 복 מִתְנַדְּבִין; 부정사 연 הִתְנַדָּבוּת: 분사 ~할 마음이 있는(ל+부정사). 스 7:13; 주다 스 7:15f; 부정사 헌물; 7:16.

נִדְבָּךְ 명 복 נִדְבָּכִין: (돌이나 목재의) 층, 열(스 6:4)

נדד 동 크탈 완료 3여단. נַדַּת. (잠이) 달아나다.

נִדְנֶה 명 단 7:15 בְּגוֹא נִדְנֶה 칼집 안에, 몸 안에. 혹은 בְּגִין דְּנָה 또는 בְּגוֹן דְּנָה, 이 때문에.

נְהוֹר 명 결 크티브 נְהִירָא (케레 נְהוֹרָא » *נְהוֹר): 빛(단 2:22).

נְהִיר 명 결 케레 נְהוֹרָא (크티브 נְהִירָא » *נְהִיר): 빛(단 2:22).

נַהִירוּ 명 (생각의) 트임, 깨달음(단 5:11,14).

נְהַר 명 결 נַהֲרָה, נָהֲרָא: 강, 시내.

נוד 동 크탈 미완료 תְּנֻד: 달아나다(단 4:11).

נְוָלוּ 명 쓰레기 더미, 잔해 더미.

נוּר 명 결 נוּרָא: 불.

נזק 동 크탈 분사 נָזִק: 손해보다(단 6:3). 하크텔 미완료 תְּהַנְזִק; 부정사 연 הַנְזָקַת; 분사 여 연 מְהַנְזְקַת: 손해 보게 하다.

נְחָשׁ 명 결 נְחָשָׁא: 동, 구리.

נחת 동 크탈 분사 נָחֵת: (하늘에서) 내려오다. 하크텔: 미완료 תַּחֵת; 명령 남 단 אַחֵת; 분사 복 מְהַחֲתִין:

저축하다, 따로두다(스 5:15, 6:1). 호크탈 완료 הֻנְחַת: 미완료 יֻנְחַת; (보좌로부터) 내려오게 함을 당하다.

נטל 동 크탈 완료 1공단. נִטְלֵת; 크틸 완료 3여단. נְטִילַת: 위로 들다.

נטר 동 크탈 완료 1공단. נִטְרֵת: 지키다, 간수하다.

נִיחוֹחַ 명 복 נִיחוֹחִין: 향품, 향기로운 제물(단 2:46, 스 6:10).

נְכַס 명 복 נִכְסִין, 연 נִכְסֵי: 보물.

נְמַר 명 표범(단 7:6).

נסח 동 히크 미완료 יִתְנְסַח: 빼어내어 지다(스 6:11).

נסך 동 캇텔 부정사 נַסָּכָה: 바치다, 드리다(단 2:46).

נְסַךְ 명 복 접 נִסְכֵּיהוֹן: 관제.

נְפַל 동 크탈 완료 נ׳, 복 נְפַלוּ; 미완료 נְפָלָה, יִפֵּל יִפַּל־ 복 תִּפְּלוּן; 분사 복 נָפְלִין: 떨어지다.

נְפַק 동 크탈 완료, 3남단. נ׳. 3여단. נֶפְקַת. 3복 נְפַקוּ, נָפְקָה; 명령 복 פֻּקוּ; 분사 נָפֵק, 복 נָפְקִין: 나가다, 나오다, 출현하다. 하크텔: 완료 הַנְפֵּק, 복 הַנְפִּקוּ: 가지고 나가다, 데리고 나오다.

נִפְקָה 명 결 נִפְקְתָא: 비용, 경비(스 6:4,8).

נִצְבָּה 명 결 נִצְבְּתָא: 단단함, 견고함(단 2:41).

נצח 동 히캇 분사 מִתְנַצַּח: 두드러지다.

נצל 동 하크텔 부정사 הַצָּלָה, 접 לְהַצָּלוּתֵהּ; 분사 מְצַל: 구원하다, 구하다.

נְקֵא 형 순수한(단 7:9).

נְקַשׁ 동 크탈 분사 복 여 נָקְשָׁן: 서로 부딪히다(단 5:6).

נְשָׂא 동 크탈 완료 3'נ; 명령 שָׂא: 들다, 나르다. 히캇 분사 여 מִתְנַשְּׂאָה ~에 대항해 (עַל) 일어나다.

נְשִׁין 명 (복) 접 נְשֵׁיהוֹן: 아내들, 여자들.

נִשְׁמָה 명 접 נִשְׁמְתָךְ: (생명의) 숨(단 5:23).

נְשַׁר 명 복 נִשְׁרִין: 독수리.

נִשְׁתְּוָן 명 결 נִשְׁתְּוָנָא: 공문서, 칙령.

נְתִין 명 복 결 נְתִינַיָּא: 성전에 바쳐진 자, 성전 노예.

נְתַן 동 크탈 (완료, 명령 & 분사는 יְהַב로 활용); 미완료 יִנְתֵּן, תִּנְתֵּן 복 יִנְתְּנוּן, 접 יִתְּנִנַּהּ; 부정사 מִנְתַּן: 주다, 지불하다. (세금을)내다.

נְתַר 동 아펠 명령 복 אַתַּרוּ: (잎을) 흔들어 떨어뜨리다(단 4:11).

ס

סַבְכָא 참조: שַׂבְּכָא.

סְבַל 동 포엘 수동 분사 복 מְסוֹבְלִין(스 6:3). 보존되다. 혹은 יבל의 샤크텔.

סְבַר 동 크탈 미완료 יִסְבַּר: ~하려고 의도하다(단 7:25).

סְגִד 동 크탈 완료 ס'; 미완료 יִסְגֻּד, 복 תִּסְגְּדוּן, יִסְגְּדוּן 분사 복 סָגְדִין: 경의를 표하다, 절하다.

סְגַן 명 복 סִגְנִין, 결 סִגְנַיָּא: 방백.

סְגַר 동 크탈 완료 וּס' 3'ס: 닫다(단 6:23).

סוּמְפֹּנְיָה/א 명 파이프 악기.

סוּף 동 크탈 완료 3여단 סָפַת: (말씀이) 성취되다(단 4:30). 하크텔: 미완료 3여단 תָּסֵיף: 종식시키다, 멸절시키다(단 2:44).

סוֹף 명 연 = 결 סוֹפָא: 끝.

סוּמְפֹּנְיָה 참조: סוּמְפֹּנְיָה.

סְטַר 참조: שְׁטַר.

סִיפֹּנְיָה 참조: סוּמְפֹּנְיָה.

סְלִק 동 크탈 완료 3여단 סֶלְקַת 복 סְלִקוּ; 분사 복 여 סָלְקָן: 올라오다. 하크텔: 완료 3. 복 הַסִּקוּ; 부정사 הַנְסָקָה: 데리고 올라오다, 끌고 올라오다. 호크탈: 완료 הֻסַּק: 끌어 올려지다.

סְעַד 동 캇텔 분사 복 מְסָעֲדִין: 지지하다, 돕다.

סְפַר 명 연 =; 복 סִפְרִין, 결 סִפְרַיָּא: 책(단 7:10).

סָפַר 명 연 = 결 סָפְרָא: 서기관.

סַרְבָּל 명 복 접 סַרְבָּלֵיהוֹן: 옷의 종류. 외투.

סְרַךְ 명 복 סָרְכִין, 연 סָרְכֵי, 결 סָרְכַיָּא: 고관.

סְתַר 동 크탈 완료 접 סַתְרֵהּ: 파괴하다, 부수다(스 5:12). 캇텔 수동 분사 복 여 결 מְסַתְּרָתָא: 숨겨진 것들 〈 숨기다(단 2:22).

ע

עֲבַד 동 크탈 완료 ע, עֲבַדְתְּ, עֲבַדְתָּ, 복 עֲבַדוּ; 미완료 복 תַּעַבְדוּן; 부정사 מֶעְבַּד; 분사 עָבֵד, 여 עָבְדָה, 복 עָבְדִין: 하다, 만들

다. 히크 미완료 יִתְעֲבֵד יִתְעַבְדוּן, 복 תִּתְעַבְדוּן; 분사 מִתְעֲבֵד 여 מִתְעַבְדָא: 만들어지다, 행해지다, ~으로 변하다/되다.

עֲבֵד 명 연 =, 복접 크티브 עַבְדַיִךְ 케레 עַבְדּוֹהִי: עַבְדָּךְ: 종.

עֶבֶד נְגוֹ 인명 아벳 느고.

עֲבִידָה 명 연 עֲבִידַת 결 עֲבִידְתָּא: 일, 행정.

עֲבַר 명 연 =, 건너편. עֲבַר נַהֲרָא 유프라테스 서쪽 편. 북 시리아 지역.

עַד 전 ~할 때까지.

עֲדה 동 크탈 완료 3여단. עֲדָת; 미완료 תֵּעְדֵּא, יֶעְדֵּה: 가다, 지나다, 사라지다. 하크텔: 완료 복 הֶעְדִּיו הֶעְדִּיו; 미완료 יְהַעְדּוֹן; 분사 מְהַעְדֵּה: 가져가다. 제거하다.

עִדּוֹא 인명 이도

עִדָּן 명 결 עִדָּנָא; 복 עִדָּנִין, 결 עִדָּנַיָּא: 시간.

עוֹד 부 이미, 아직.

עֲוָיָה 명 복접 עֲוָיָתָךְ: 죄악.

עוֹף 명 연 =: 새 (단 7:6).

עוּר 명 겨 (단 2:35).

עֵז 명 복 עִזִּין: 염소.

עִזְקָה 명 접 עִזְקְתֵהּ; 복 연 어인, 왕의 도장.

עֶזְרָא 인명 에스라.

עֲזַרְיָה 인명 아사랴.

עֵטָה 명 조언 (단 2:14).

עַיִן 여명 연 עֵין; 복 עֲיָנִין, 연 עֵינֵי 접 עֵינַי: 눈.

עִיר 명 복 עִירִין: 천사.

עַל 전 접 עֲלָךְ, עֲלִי, עֲלָיִךְ 크티브 עֲלָךְ 케레, עֲלַיָּה 크티브 עֲלֵהּ 케레, עֲלֵינָא, עֲלֵיהֹם, עֲלֵיהֹן &: ~위에.

עֵלָּא 부 위에 +מִן ~의 위에.

עִלָּה 명 불평의 이유, 평계 (단 6:5)

עֲלָוה 명 복 עֲלָוָן: 번제.

עִלָּי 형 결 케레 עִלָּאָה 크티브 עִלָּיָא: 가장 뛰어나, 가장 높은.

עִלִּי 명 접 עִלִּיתָהּ: 다락방 (단 6:11).

עֶלְיוֹן 명 복 עֶלְיוֹנִין: 지존자.

עֲלל 동 크탈 완료 עַל, 여 עַלַּת 케레 (크티브 עַלַּת 또는 עֲלַת); 분사 복 עָלִּין 케레 (크티브 עָלֲלִין): 들어가다. 하크텔: 완료 הַנְעֵל 접 הַעֵלְנִי; 부정사 הַעָלָה, הַנְעָלָה: 들이다, 소개하다. 호크탈: 완료 הֻעַל, 복 הֻעַלּוּ: 들여지다.

עָלַם 명 연 =, 결 עָלְמָא; 복 עָלְמִין, 결 עָלְמַיָּא: 영원.

עֵלְמָי 명 엘람의.

עֲלַע 여명 복 עִלְעִין: 갈비 (뼈).

עַם 명 연 =, 결 עַמָּה; 복 결 עַמְמַיָּא: 백성, 민족.

עִם 전 접 עִמֵּהּ, עִמָּךְ, עִמִּי, עִמְּהוֹן: ~과 함께.

עַמִּיק 형 복 여 עַמִּיקָתָא; 복 여 깊은 것들.

עֲמַר 명 울.

עֵן 참조: כְּעַן.

עֲנה 동 크탈 완료 3여단. עֲנָת 복 עֲנוֹ; 분사 עָנֵה, 복 עָנַיִן: 대답하다, (말하기) 시작하다.

עֲנֵה 형 복 עֲנָיִן: 가난한.

עֲנָיִן 참조: עֲנָה.

עֲנָן 명 복 연 עֲנָנֵי: 구름.

עֲנַף 명 복 접 עַנְפּוֹהִי: 나뭇 가지.

עֲנַשׁ 명 연 =: 벌금.

עֲפִי 명 접 עָפְיֵהּ: 잎.

עֲצִיב 형 슬픔의, 고통스런(단 6:21).

עֲקַר 동 이크 완료 복티브 אֶתְעֲקַרוּ, 케레 אֶתְעֲקַרָה: 뽑히다(단 7:8).

עִקַּר 명 연 =: 뿌리.

עַר 명 접 케레 עָרָךְ, 크티브 עָרָיִךְ: 적.

עֲרַב 동 캇텔: 수동 분사 מְעָרַב: 섞다, 수동 분사 섞인. 히캇 분사 מִתְעָרַב, 복 מִתְעָרְבִין: 섞이다.

עֲרָד 명 복 결 עֲרָדַיָּא: 야생 당나귀(단 5:21).

עֶרְוָה 명 연 עֶרְוַת: 나체, 은유적 의미 부끄러움.

עֲשַׂב 명 연 =, 결 עִשְׂבָּא: 풀.

עֲשַׂר 수사 열.

עֶשְׂרִין 수사 이십.

עֲשָׁת 동 크탈 수동 분사 עֲשִׁית: 생각하다, 계획하다.

עֲתִיד 형 복 עֲתִידִין: 준비된.

עַתִּיק 형 연 =: 늙은.

פ

פֶּחָה 명 연 פַּחַת; 복 פַּחֲוָתָא: 총독.

פֶּחָר 명 도공.

פְּטִישׁ 명 복 접 케레 פַּטְּשֵׁיהוֹן, 크티브 פַּטִּישֵׁיהוֹן; 옷의 종류. 외투.

פְּלַג 동 크탈 수동 분사 여 פְּלִיגָה: 나누다, 수동 분사: 분열된.

פְּלַג 명 연 =: 절반

פְּלֻגָּה 명 복 접 פְּלֻגָּתְהוֹן: (제사장의) 서열, 반차.

פְּלַח 동 크탈 미완료 복 יִפְלְחוּן: 분사 פָּלַח, 복 פָּלְחֵי, פָּלְחִין: (하나님을) 섬기다.

פֻּלְחָן 명 연 =: 예배.

פֻּם 명 연 =, 접 פֻּמַּהּ: 입, 입구.

פַּס 명 연 =, 결 פַּסָּא: 손등, 손.

פְּסַנְטֵרִין 명 하프

פַּרְזֶל 명 결 פַּרְזְלָא: 철.

פְּרַס 동 크탈 완료 수동 3여단. פְּרִיסַת: 나누다.

פְּרֵס 명 복 פַּרְסִין: 길이 단위, 무게 단위.

פָּרַס 명 페르시아.

פָּרְסִי 명 결 크티브 פָּרְסָיֵא 케레 פָּרְסָאֵה: 페르시아의.

פְּרַק 동 크탈 명령 פְּרֻק: 찢어 내다.

פְּרַשׁ 동 캇텔 수동 분사 מְפָרַשׁ: 분리하다.

פַּרְשֶׁגֶן 명 연 =: 사본.

פְּשַׁר 동 크탈 부정사 מִפְשַׁר: 해석하다. 캇텔 분사 מְפַשַּׁר: 해석가.

פְּשַׁר 명 연 =, 결 פִּשְׁרָא, 접 פִּשְׁרָה 케레 פִּשְׁרֵהּ (크티브 결); 복 פִּשְׁרִין: 해석.

פִּתְגָּם 명 결 פִּתְגָּמָא: 말씀, 명령.

פְּתַח 동 크탈 완료 수동 복 פְּתִיחוּ; 수동 분사 복 여 פְּתִיחָן: 열다.

פְּתָי 명 접 פְּתָיֵהּ: 너비.

צ

צְבָה 동 크탈 완료 1공단. צְבִית; 미완료 יִצְבֵּא, 단 5:21 יִצְבֵּה; 부정사 접 מִצְבְּיֵהּ; 분사 צָבֵא: ~하기를 바라다, 원하다.

צְבוּ 명 일, 문제.

צבע 동 캇텔 분사 복 מִצְטַבְּעִין: 젖은. 히캇 미완료 יִצְטַבַּע: 젖다.

צַד 명 연 =: 결. לְצַד ~대항하여. מִצַּד ~로부터, ~에 관하여.

צְדָא 형 ה 의문사와 함께 ~은 사실인가?(단 3:14).

צִדְקָה 명 옳은 행위, 선행(단 4:24).

צַוָּאר 명 접 צַוְּארָה: 목.

צלה 동 캇텔 분사 מְצַלֵּא, 복 מְצַלַּיִן 기도하다.

צלח 동 하크텔 완료 הַצְלַח: 분사 מַצְלַח, 복 מַצְלְחִין: 번성하게 하다, 진척이 있다, 성공하다.

צֶלֶם 명 연 =: 결 צַלְמָא: 신상.

צְפִיר 명 복 연 צְפִירֵי: 염소.

צְפַר 명 복 צִפְּרִין, 연 צִפְּרֵי, 결 צִפְּרַיָּא: 새.

ק

קבל 동 캇텔 완료 קַבֵּל; 미완료 복 וִיקַבְּלוּן, תְּקַבְּלוּן: 받다.

קֳבֵל 전 접 לְקָבְלָךְ, לָקֳבֵל: ~앞에. כָּל-קֳבֵל דִּי 왜냐하면.

קַדִּישׁ 형 복 קַדִּישִׁין, 연 קַדִּישֵׁי 거룩한.

קֳדָם 전 접 קָדָמַי, קָדָמָךְ 케레 크티브 קֳדָמוֹהִי, וּקֳדָמַיִךְ 여 케레 크티브 קֳדָמֵיהּ, 전치사와 함께 מִן + קֳדָמַי/מוֹהִי/-מֵיהּ 복 קֳדָמֵיהוֹן: ~앞에.

קַדְמָה 형 연 קַדְמַת 과거, 옛날.

קַדְמָי 형 여 결 קַדְמָיְתָא; 복 결 קַדְמָיֵא, 여 결 קַדְמָיְתָא 첫째의, 이전의.

קום 동 크탈 완료 קָם, 복 קָמוּ, 미완료 יְקוּם, 복 יְקוּמוּן (단 7:24) יְקֻמוּן; 명령 여 קוּמִי 분사 קָאֵם, 복 크티브 קָאֲמִין 케레 קָיְמִין 결 קָאֲמַיָּא: 일어나다. 캇텔 부정사 קַיָּמָה: 세우다. 하크텔 완료 הָקֵים, וַהֲקִים, הֲקֵימַת,; 복 הֲקִימוּ, 접 הֲקֵימָה & 단 3:1 (아크텔) אֲקֵים: 미완료 יְקִים 복 יְהָקֵים, תְּקִים,; 부정사 접 הֲקָמוּתַהּ; 분사 מְהָקֵים: (신상, 왕권) 세우다, (관리) 임명하다. 호크탈: 완료 3여단 הֻקִם(י)מַת: 세워지다.

קטל 동 크탈 분사 קָטֵל; 크틸 완료 여 קְטִילַת: 죽이다. 캇텔 완료 קַטֵּל 부정사 קַטָּלָה: 죽이다. 히크 부정사 הִתְקְטָלָה: 살해되다. 히캇 분사 복 מִתְקַטְּלִין: 살해되다.

קְטַר 명 복 קִטְרִין, 연 קִטְרֵי: 매듭, 엉덩이 골반, 어려운 문제.

קַיִט 명 여름.

קְיָם 명 연 =: 법령, 칙령.

קַיָּם 형 여 קַיָּמָה: 지속하는.

קִיתְרֹס 명 크티브 קִיתְרֹס 또는 케레 קַתְרֹוס: 현악기 종류.

קָל 명 연 =: 목소리.

קנה 동 크탈 미완료 תִּקְנֵא: 사다.

קְצַף 동 크탈 완료 ק': 화가 나다.

קְצַף 명 (하나님의) 진노.

קצץ 동 캇텔 명령 복 קַצִּצוּ: 자르다.

קְצָת 여명 연 =: 끝, 일부.

קרא 동 크틸 완료 קְרִי; 크탈 미완료 יִקְרֵה, אֶקְרֵה 복 יִקְרוֹן; 부정사 מִקְרֵא; 분사 קָרֵא 부르다. 읽다. 히크 미완료 יִתְקְרֵי: 불리다. 소집되다.

קְרֵב 동 크탈 완료 ק'. קֻרְבַת 1공단.

3공복 **קְרִ֫יבוּ**; 부정사 접 **מִקְרְבֵה**: 접근하다. 캇텔 미완료 **תְּקָרֵב**: 바치다. 하크텔 완료 복 **הַקְרִ֫בוּ**, 분사 복 **מְהַקְרְבִין**: (누구를) 가까이 오게하다. 바치다.

קְרָב 명 전쟁.

קִרְיָה 명 결 **קִרְיְתָא**: 도시.

קֶרֶן 명 결 **קַרְנָא**; 쌍 **קַרְנַיִן**; 복 결 **קַרְנַיָּא**: 뿔.

קְרַץ 명 복 접 **קַרְצֵיהוֹן**, **קַרְצ֫וֹהִי**: 조각. 숙어. ~의 조각을 먹다. = 비방하다.

קְשֹׁט 명 진리.

ר

רֵאשׁ 명 연 =, 결 **רֵאשָׁא**, 접 **רֵאשִׁי**, **רֵאשָׁךְ**, **רֵאשֵׁה**, **רֵאשְׁהוֹן**; 복 **רֵאשִׁין**, 접 **רָאשֵׁיהֹם** 《히》: 머리, 시작.

רַב 형 결 **רַבָּא**, 여 결 **רַבְּתָא** 복 **רַבְרְבִין**, 여 **רַבְרְבָן**, 결 **רַבְרְבָתָא**: 위대한.

רְבָה 동 크탈 완료 복, /3. 남 **רְבַת** 남 크티브 **רְבַיִת** 케레 **רְבַת**: 커지다. 캇텔 완료 **רַבִּי**: 높이다, 크게 하다.

רְבֹו 명 연 =; 복 케레 **רִבְבָן** 크티브 **רִבּוֹן**: 많은 수.

רְבוּ 명 결 **רְבוּתָא**, 접 **רְבוּתָךְ**: 위대함.

רְבִיעִי 형 결 크티브 **רְבִיעָיָא** 케레 **רְבִיעָאָה**, 여 크티브 **רְבִיעָיָה** 케레 **רְבִיעָאָה** 결 **רְבִיעָתָא**: 네번째.

רַבְרְבָנִין 명 접 **רַבְרְבָנַי**, 크티브 **רַבְרְבָנִךְ** 케레 **רַבְרְבָנֽוֹהִי**: 귀족들, 군주들.

רגז 동 하크텔 완료 복 **הַרְגִּ֫זוּ**: 화나게 하다.

רְגַז 명 진노 (단 3:13).

רְגַל 여명 쌍 **רַגְלַיִן**, 결 **רַגְלַיָּא**, 접 **רַגְלֵיהִי**, 케레 **רַגְלֵהּ** 크티브 **רַגְלֹהִי**, **רַגְלַיהּ** 또는 **רַגְלַיָהּ**: 발.

רגשׁ 동 하크텔 완료 복 **הַרְגִּ֫שׁוּ**: 무리지어 오다.

רֵו 명 접 **רֵוֵהּ**: 모습, 외모.

רוּחַ 여명 연 =, 결 **רוּחָא**, 접 **רוּחִי**, **רוּחֵהּ**; 복 연 **רוּחֵי**: 바람, 영.

רום 동 크탈 완료 **רָם**: (마음이) 높아지다. 폴렐 완료 **מְרוֹמֵם**: 찬양하다 (단 4:34). 하크텔: 분사 **מָרִים**: 높이다, 찬양하다. 히트폴렐 완료 **הִתְרוֹמַמְתָּ**: ~에 대항해 일어나다.

רוֹם 명 접 **רוּמֵהּ**: 높이, 키.

רָז 명 결 **רָזָה**; 복 **רָזִין**, 결 **רָזַיָּא**: 비밀.

רְחוּם 인명 르훔.

רַחִיק 형 복 **רַחִיקִין**: 먼.

רַחֲמִין 명 측은지심.

רחץ 동 히크 완료 복 **הִתְרְחִ֫צוּ**: 의지하다, 신뢰하다.

רֵיחַ 여명 연 =: (불의) 냄새.

רמה 동 크탈 완료 복 **רְמֹו**, 부정사 **מִרְמֵא**; **רְמֵינָה**; 완료 수동 복 **רְמִיו**: 던지다, (보좌를) 놓다, (세금을) 부과하다. 히크 미완료 **יִתְרְמֵא**, 복 **תִּתְרְמוֹן**: 던져지다.

רְעוּ 명 연 **רְעוּת**: (왕의) 의지, 결정.

רַעְיוֹן 명 복 연 **רַעְיוֹנֵי**, 접 **רַעְיוֹנָךְ**, 케레 **רַעְיוֹנָךְ** 크티브 **רַעְיֹנָיִךְ**, **רַעְיֹנָֽהִי**: 생각.

רַעֲנַן	형	번성하는.
רעע	동	크탈 미완료 3여단. תְּרֹע: 산산이 부서지다. 캇텔: 분사 מְרַעַע: 산산히 부수다.
רפס	동	크탈 분사 여 רָפְסָה: 짓밟다.
רְשַׁם	동	크탈 완료 רְשַׁמְתָּ, ר; 미완료 תִּרְשֻׁם; 완료 수동 רְשִׁים: 쓰다, 적다.

שׂ

שְׂב	동	복 연 שָׂבֵי, 결 שָׂבַיָּא: 백발의 노인들, 장로들.
שַׂבְּכָא	명	현악기의 한 종류.
שְׂגָא	동	크탈 미완료 יִשְׂגֵּא: 커지다, 크다.
שַׂגִּיא	형	복 여 שַׂגִּיאָן: 큰, 많은 : 부. 매우.
שְׂהֲדוּ	명	결 שָׂהֲדוּתָא: 증거(testimony)
שְׂטַר	명	편, 쪽.
שִׂיב	동	크탈 분사 שָׂב. 백발이 되다.
שִׂים	동	크탈 완료 שָׂם-. 남 שָׂמֶת, שָׂמְתָּ 접 שָׂמֵהּ; 명령 복 שִׂימוּ; 완료 수동 שִׂים. 여 שֻׂמַת: 놓다, 두다. 히크 미완료 יִתְשָׂם, 복 יִתְשָׂמוּן; 분사 מִתְשָׂם: 놓이다, ~으로 변하다.
שְׂכַל	동	히캇 분사 מִשְׂתַּכַּל: 고려하다, 유심히 보다.
שָׂכְלְתָנוּ	여명	통찰.
שָׂלָה	명	교만, 반역.
שְׂנֵא	동	크탈 분사 복 접 케레 שָׂנְאָיִךְ 크티브 שָׂנְאָךְ: 미워하다. 분사 적.

שְׂעַר	명	연 =, 접 שַׂעְרֵהּ: 머리카락.

שׁ

שְׁאֵל	동	크탈 완료 שׁ' 복 שְׁאֵלְנָא: 미완료 접 יִשְׁאֶלְנְכוֹן: 분사 שָׁאֵל: 구하다, 바라다. 질문하다.
שְׁאֵלָה	명	
שְׁאַלְתִּיאֵל	인명	결 שְׁאֵלְתָּא: 질문, 요청. 스알디엘.
שְׁאָר	명	연=, 결 שְׁאָרָא: 나머지.
שׁבח	동	캇텔 완료 שַׁבַּחְתְּ, 복 שַׁבַּחוּ; 분사 מְשַׁבַּח: 찬양하다.
שֵׁבֶט	명	복 연 שִׁבְטֵי: 지파.
שְׁבִיב	명	결 שְׁבִיבָא, 복 שְׁבִיבִין: 화염.
שְׁבַע	수	여 שִׁבְעָה 연 שִׁבְעַת: 일곱.
שׁבק	동	크탈 명령 복 שְׁבֻקוּ; 부정사 מִשְׁבַּק: 남기다. 히크 미완료 תִּשְׁתְּבִק: (주권이) ~에게 남겨지다, 넘어가다.
שׁבשׁ	동	히캇 분사 복 מִשְׁתַּבְּשִׁין: 당황하다.
שֵׁגָל	명	복 접 שֵׁגְלָתָךְ, שֵׁגְלָתֵהּ: 첩.
שׁדר	동	히캇 분사 מִשְׁתַּדַּר: ~하려고 애쓰다.
שַׁדְרַךְ	인명	사드락.
שׁוה	동	크탈 완료 수동 שְׁוִי 또는 שֶׁוִי: ~과 같다. 수동 ~과 같이 되다. 캇텔 완료 복 케레 שַׁוִּיו: ~을 ~과 같게 하다. 히캇 미완료 יִשְׁתַּוֵּה: ~으로 되다.
שׁור	명	복 결 שׁוּרַיָּא: 벽.

שׁוֹשַׁנְכִי 명 복 결 수사의.

שְׁחַת 동 크탈 수동 분사 여 שְׁחִיתָה: 망쳐진, 타락한, 장난, 나쁜 것.

שֵׁיזִב 동 샤크텔 완료 שֵׁיזִב; 미완료 יְשֵׁיזִבִנָּךְ, 접 יְשֵׁיזִבִנְכוֹן,; 부정사 접 שֵׁיזָבוּתֵהּ, ...תֵהּ, 분사 מְשֵׁיזִב: 구하다, 구원하다.

שֵׁיצִיא 동 샤크텔 완료 크티브 שֵׁיצִיא 케레 שֵׁיצִי: 끝내다.

שְׁכַח 동 하크텔 완료 1공단 הַשְׁכַּחַת, 복 הַשְׁכַּחוּ, הַשְׁכַּחְנָה/א,; 미완료 תְּהַשְׁכַּח; 부정사 הַשְׁכָּחָה: 찾다. 히크 완료 3공단 הִשְׁתְּכַח, 여3단 שְׁתְּכַחַת, 2남단 הִשְׁתְּכַחַתְּ: ~에 있다. ~에서 발견된다.

שְׂכְלַל 참고: כְּלַל.

שְׁכֵן 동 크탈 미완료 3복여 יִשְׁכְּנָן: 살다. 캇텔 완료 שַׁכֵּן: 살게 하다.

שְׁלֵה 형 평안한.

שְׁלֵה 참고: שְׁלוּ, 혹은 *שְׁאֵלָה ⟩ שְׁאֵלָה.

שְׁלוּ 여명 복 접 שָׁלוּתָךְ: 나태.

שָׁלְוָה 명 접 שְׁלֵוָתָךְ: 번영, 운.

שְׁלַח 동 크탈 완료 ש׳, 복 שְׁלַחוּ, שְׁלַחְנָא; 미완료 יִשְׁלַח; 완료 수동 שְׁלִיחַ: 보내다.

שְׁלֵט 동 크탈 완료 ש׳, 복 שְׁלִטוּ; 미완료 יִשְׁלַט, תִּשְׁלַט: 다스리다, 제어하다. 하크텔 완료 접 הַשְׁלְטָךְ, הַשְׁלְטֵהּ,: ~를 지배자로 삼다. 다스리게 하다.

שִׁלְטוֹן 명 복 연 שִׁלְטֹנֵי: 지방 고관.

שָׁלְטָן 명 연 =, 결 שָׁלְטָנָא, 접 שָׁלְטָנָךְ, שָׁלְטָנֵהּ; 복결 שָׁלְטָנַיָּא: 주권, 통치권.

שַׁלִּיט 형 결 שַׁלִּיטָא; 복 שַׁלִּיטִין: 힘센, 강한, 다스리는, 지배자, 관리 + 부정사: ~할 권한이 있는.

שְׁלֵם 동 크탈 완료 שְׁלֵם: 완성되다, 끝나다(스 5:16). 하크텔 완료 접 הַשְׁלְמָה; 명령 הַשְׁלֵם: 완성하다, 끝내다, 청산하다.

שְׁלָם 명 결 שְׁלָמָא, 접 שְׁלָמְכוֹן: 평강, 건강, 복지.

שֵׁם 명 연 =, 접 שְׁמֵהּ; 복 연 שְׁמָהָת, 접 שְׁמָהָתְהֹם: 이름.

שְׁמַד 동 하크텔: 부정사 הַשְׁמָדָה: 파괴하다, 박멸하다.

שְׁמַיִן 명 결 שְׁמַיָּא: 하늘.

שְׁמַם 동 이트포알 완료 אֶשְׁתּוֹמַם: 두려움으로 몸이 굳다 (단 4:16).

שְׁמַע 동 크탈 완료 שְׁמַעַת, ש׳; 미완료 יִשְׁמַע, 복 תִּשְׁמְעוּן; 분사 복 שָׁמְעִין: 듣다. 히캇 미완료 복 יִשְׁתַּמְּעוּן: 순종하다.

שָׁמְרַיִן 지명 사마리아.

שְׁמַשׁ 동 캇텔미완료복접 יְשַׁמְּשׁוּנֵּהּ: 섬기다, 봉사하다.

שְׁמַשׁ 명 결 שִׁמְשָׁא: 태양(단 6:15).

שִׁמְשַׁי 인명 심새.

שֵׁן 여명 쌍 שִׁנַּיִן, 접 케레 שִׁנַּהּ, 크티브 שִׁנַּיהּ 또는 שִׁנַּיָּה: 이.

שׁנה 동 크탈 완료 복 שְׁנוֹ, 접 שַׁנּוֹהִי; 미완료 יְשַׁנֵּא, תִּשַׁנֵּא; 분사 여 שָׁנְיָה/א, 복 שָׁנַיִן, 여 שָׁנְיָן: 다르다, 다양하다, 변하다. 캇텔 완료 복 שַׁנִּיו; 미완료

복 יְשַׁנּוֹן; 수동 분사 여 מְשַׁנְיָה: (마음을) 바꾸다. 수동 분사 ~과 다르다; (명령을) 어기다(단 3:28). 하크텔: 미완료 יְהַשְׁנֵה 부정사; 분사 מְהַשְׁנֵא: 바꾸다, (명령을) 어기다. 이트캇탈 완료 אֶשְׁתַּנִּי, 크티브 복 אֶשְׁתַּנּוּ 또는 אִשְׁתַּנּוּ; 미완료 יִשְׁתַּנֵּא, 복 יִשְׁתַּנּוֹן, 지시법 변하다.

שָׁנָה 명 연 שְׁנָה; 복 שְׁנִין: 연, 해.

שְׁנָה 명 접 שִׁנְתֵּהּ: 잠(단 6:19).

שָׁעָה 명 결 שַׁעֲתָא: 시간, 순간.

שְׁפַט 동 크탈 분사 복 שָׁפְטִין: 판단하다. 분사 재판관.

שַׁפִּיר 형 아름다운, 예쁜.

שְׁפַל 동 하크텔 완료 2남단. הַשְׁפֵּלְתָּ; 미완료 יְהַשְׁפֵּל; 부정사 הַשְׁפָּלָה; 분사 מַשְׁפִּיל: 낮추다, 겸손하게 하다.

שְׁפַל 형 연 =: 천한(단 4:14).

שְׁפַר 동 크탈 완료 שׁ; 미완료 יִשְׁפַּר: ~하는 것이 좋아보이다, ~하는 것을 기뻐하다.

שַׁפַּרְפָּר 명 결 שַׁפַּרְפָּרָא: 새벽(단 6:20).

שָׁק 명 쌍 접 שָׁקוֹהִי: 다리, 종아리.

שְׂרָה 동 크탈 부정사 מִשְׂרֵא; 수동 분사 שְׁרֵין, 복 שְׁרַיִן: 풀린, 자유롭게 된(단 3:25); 은유적 의미 매듭을 풀다 = 문제를 해결하다(단 5:12,16).; 수동: 거하다(단 5:6). 캇

텔 완료 3. 복 שָׁרִיו; 분사 מְשָׁרֵא (혹은 מְשָׁרֵא 크탈 부정사): ~하기 시작하다 + 부정사(스 5:2; 단 5:12). 히캇 분사 복 מִשְׁתָּרִין: (관절이) 풀리다, 흔들리다(단 5:6).

שֹׁרֶשׁ 명 복 접 שָׁרְשׁוֹהִי: 뿌리(단 4:20,23).

שְׁרֹשׁוּ 명 크티브 שְׁרֹשִׁי 케레 שְׁרֹשִׁי: 추방, 사라짐(스 7:26).

שֵׁשְׁבַּצַּר 인명 세스바살.

שֵׁת 수 여섯(단 3:1, 스 6:15).

שְׁתָה 동 크탈 완료 복 אֶשְׁתִּיו; 미완료 복 יִשְׁתּוֹן; 분사 שָׁתֵה, 복 שָׁתַיִן: 마시다.

שִׁתִּין 수 육십.

שְׁתַר בּוֹזְנַי 인명 스달보스내.

ת

תְּבַר 동 크탈 수동 분사 여 תְּבִירָה: 깨뜨리다. 수동 분사 깨지기쉬운(단 2:42).

תְּדִיר 명 결 תְּדִירָא: 순환, 지속 +בְּ 계속해서.

תּוּב 동 크탈 미완료 יְתוּב: 돌아오다. 하크텔 완료 הֲתִיב, 복 접 הֲתִיבוּנָא; 미완료 복 יְהָתִיבוּן, יְתִיבוּן; 부정사 접 הֲתָבוּתָךְ: 돌려주다, 대답하다.

תְּוַהּ 동 크탈 완료 תְּ: 놀라다(단 3:24).

תּוֹר 명 복 תּוֹרִין: 황소.

תְּחוֹת 전 접 תְּחֹתֹהִי, תַּחְתֹּהִי: ~아래에.

תְּלַג 명 눈(snow, 단 7:9).

תְּלִיתָי 형 여 크티브 תְּלִיתָיָא 케레
תְּלִיתָאָה: 세번째의.

תְּלָת 수 여 תְּלָתָה/א, 접 תְּלָתֵהוֹן:
셋.

תַּלְתָּא 명 제3인자.

תְּלָתִין 수 삼십.

תְּמַה 명 복 תִּמְהִין, 결 תִּמְהַיָּא,
접 תִּמְהוֹהִי: 기적, 이적.

תַּמָּה 부 그곳에.

תִּנְיָן 형 여 תִּנְיָנָה: 두번째의.

תִּנְיָנוּת 부 다시.

תִּפְתָּי 명 복 크티브 תִּפְתָּיֵא 케레
תִּפְתָּאֵי: 행정 장관.

תַּקִּיף 형 여 תַּקִּיפָה/א; 복 תַּקִּיפִין:
강한.

תְּקַל 동 크탈 완료 수동 2남단.
תְּקִילְתָּה: 저울에 달리다.

תְּקֵל 명 세겔.

תְּקֵן 동 호크탈 3여단. הָתְקְנַת
(그러나 1공단. הָתְקְנַת
로 읽어라): ~로 복직
되다.

תְּקֵף 동 크탈 완료 תְּקֵף. 여
תְּקֵפַת. 남 תִּקְפַּת: 강
해지다. (마음이) 완고
해 지다. 캇텔 부정사
תַּקָּפָה: 확정하다. 시행
하다.

תְּקֹף 명 결 תָּקְפָּא: 힘(단 2:37).

תְּקֹף 명 연 =: 힘(단 4:27).

תְּרֵין 수사 여 תַּרְתֵּין: 둘.

תְּרַע 명 연 =: (화로의) 입구,
(성이나 궁의) 문.

תְּרַע 명 복 결 תָּרְעַיָּא: 문지기.

תַּרְתֵּין 참고: תְּרֵין

תַּתְּנַי 인명 닷드내.

참고문헌

1. 문법서

H. Bauer and P. Leander. *Grammatic des Biblisch-Aramäischen. Halle: Max Niemeyer,* 1927; reprint, Hildesheim: Georg Olms, 1969.

Frederick E. Greenspahn. *An Introduction to Aramaic. Soceity of Biblical Literature Resources for Biblical Study. Number* 38. Atlanta: Soceity of Biblical Literature, 1999.

A. F. Johns. *A Short Grammar of Biblical Aramaic. Berrien Springs,* MI: Andrews University Press, 1972. 「성서 아람어 문법」 김이곤 옮김. 서울: 한신대학교 출판부.

F. Rosenthal. *A Grammar of Biblical Aramaic.* 6th revised edition. Wiesbaden: Otto Harrassowitz, 1995.

S. Segert. *Altaramäische Grammatik mit Bibliographie, Chrestomathie und Glossar.* Leipzig: VEB, 1975.

2. 사전

F. Brown, S. R. Driver and C. A. Briggs. *A Hebrew and English Lexicon of the Old Testament.* Oxford: Clarendon Press, 1907. = [BDB]

L. Koehler and W. Baumgartner. *Hebräische und Aramäisches Lexikon zum Alten Testament.* 3rd edition. Leiden: E. J. Brill, 1967-1996.

윌리엄 할러데이. 구약성경의 간추린 히브리어 아람어 사전」 손석태 외 옮김. 서울: 솔로몬, 2002.

3. 아람어 개괄

S. P. Brock. "Three Thousand Years of Aramaic Literature." *Aram* 1 (1989): 11–23.

S. Creason. "Aramaic." Pages 391–426 in *The Cambridge Encyclopedia of the World's Ancient Languages*. Cambridge: Cambridge University Press, 2004.

J. A. Fitzmeyer. "The Phases of the Armaic Language." Pages 57–84 in *A Wandering Aramean. Collected Aramaic Essays*. SBL Monograph Series 25. Missoula, MT: Scholars Press, 1979.

J. C. Greenfield. "Aramaic and its Dialects." Pages 29–43 in H. H. Paper, ed. *Jewish Languages. Theme and Variation*. Cambridge, MA: Association for Jewish Studies, 1978.

4. 성서 아람어의 언어학적 위치

H. H. Rowley. *The Aramaic of the Old Testament*. Oxford: oxford University Press, 1929.

K. A. Kitchen. "The Aramaic of Daniel." Pages 31–79 in D. J. Wiseman, et al. *Notes on Some Problems in the Book of Daniel*. London: Tyndale Press, 1965.

H. H. Rowely. *Review of Notes. Journal of Semitic Studies* 11 (1966): 112–116.

E. Y. Kutscher. "Aramaic." Pages 347–412 in T. A. Sebeok, ed. *Current Trends in Linguistics*. Volume 6. Linguistics in South West Asia and North Africa. The Hague: Mouton, 1970.

J. J. Colllins. *Daniel*. Hermeneia volume 27. Minneapolis: Fortress Press, 1993, pages 13–20.

성서 아람어 문법

2012년 4월 1일 초판 발행

지은이 ┃ 김구원

발행인 ┃ 이두경

발행처 ┃ 비블리카 아카데미아

  등록 ┃ 제10-1477호(1997년 8월 8일)

  주소 ┃ 서울특별시 광진구 광장동 114 크레스코 빌딩 102호

  전화 ┃ (02) 456-3123

  팩스 ┃ (02) 456-3174

  홈페이지 ┃ www.biblica.net

  전자우편 ┃ biblica@biblica.net

판 권 ⓒ비블리카 아카데미아 2012

값 12,000원

ISBN 978-89-88015-26-1 93790